ピエール・ブルデュー 監修

シリーズ la critique sociale

社会批判

ブルデュー

加藤晴久 訳=解説

市場独裁主義批判

藤原書店

Pierre BOURDIEU
CONTRE–FEUX
Propos pour servir à la résistance contre l'invasion néo-libérale

シリーズ〈社会批判〉とは

監修者　ピエール・ブルデュー

シリーズ〈社会批判〉は現代の政治的・社会的問題についての最新の研究成果を一般市民に広く紹介することを目的としています。各巻を企画し執筆するのは社会学や歴史学、経済学の研究者、また作家や芸術家です。いずれも、民主主義社会において政治を考え行動するために不可欠の知識を普及したいという積極的な意欲に燃えている者たちです。コンパクトな本ですが内容は緻密で資料に裏付けられた議論を展開しています。また、いずれにも参考文献のリストが載っています。少しずつではあっても、やがては国際的な規模で、民衆のための百科全書的なシリーズになるであろうと期待しています。

ソ連と東欧諸国の社会体制と結び付いていた至福千年説的《ミレナリスト》な幻想は崩れ去りました。あちこちに残された巨大な真空にあらゆる形の蒙昧主義——非合理主義的ニヒリズム、教権主義的原理主義、民族主義的復古主義、政治的日和見主義など——がなだれ込みました。知識人としての役割を果たすことを断念していない人々は、かつて啓蒙主義時代の思想家たちが担っていた任務を、いまこそ引き継がなければなりません。芸術家、作家、科学研究者は専門の違いを越え国境を越えて抵抗し文化再建の計画を立てなければなりません。そのためにこそ、社会に関して、また知識人の使命と権力に関して、先人たちが作り出し維持してきたすべての幻想を批判しなければなりません。この現実主義は醒めたシニシズムとは無縁のものです。混迷の、しかし自由の時代、歴史によって神話的過去と幻想的未来が一掃された時代である今にこそふさわしい理性的ユートピア主義の基礎になりうるのは、まさにそのような現実主義なのです。非合理主義的な責任放棄を正当化するために、この世紀末を画した理性の敗北を理性への狂信のせいにする向きもありますが、そうであるからこそ、従来にもまして危険な賭けになるかもしれませんが、今こそ理性に賭けなければならないのです。

二〇〇〇年六月一五日

日本の読者へ

本書に収められた発言には日本の読者に何ものか訴えるところがあるのではないかと私が考えるのは、残念ながら、ネオ・リベラリズムの侵略はいまやどの国にも及んでおり、どこでも同じような害悪、同じように不吉な害悪をもたらしているからです。私のさまざまな発言が何らかの役に立つことがあるとすれば、それはどんな意味合いにおいてであるか簡単に述べておこうと思います。

いずれの発言においても私は、私がその出現を願い続けてきた学際的かつ国際的な「集団的知識人」l'intellectuel collectif のモデルの具体例を（それに成功しているかどうかはともかくとして）提示しようと試みたつもりです。強大な経済的・政治的勢力——この勢力はいま日本では奇妙なことに「ニッサンを立ち直らせる」使命を帯びたルノーのナンバー2であるフランス人の顔をしているわけですが——に効果的に抵抗することのできる対抗権力として実際に機能し得るためには、この集団的知識人は保守革命に対する新しい武器と新しい闘争形態を発明しなければなりません。ネオ・リベラリズムの衣をまとい、社会保障制度や労働法など、過去の政治闘争と労働運動が獲得した成果を破壊しようとしている保守革命とのたたかいです。また、政治的・経済的権力に対する自律ゆえにこそ得られた文化生産の領域における成果、芸術・文学・科学の分野におけるすべての前衛の所産を破壊しようとしている保守革命とのたたかいです。

　知識人には二つの主要な任務が課せられています。一つは、ケイト・ディクソンが「市場の福音伝道者（原注）」と呼んでいる者たち、つまりネオ・リベラリズムの世界観を受け継ぎ広めて回るエッセイストやジャーナリストたちとたたかうことです。もう一つは、金の力に対し文学・芸術・科学生産の独立を守ることです。社会的に正当化できないものを正当化するために金融市場の権威が伝家の宝刀として絶えず持ち出されますが、この金融市場の権威は、支配的思考様式を構成する用語・範疇・問題をつうじて人々のこころを捉えるまさに象徴的な影響力に基づくものなのです。これらネオ・リベラリズム教の常套句はいたるところで幅を利かせているからこそ普遍的であるかのように見えてくるのです。大学のシンポジウムからベストセラー、一般向け学術誌から専門家の報告書、審議会の総括から週刊誌の表紙、どこでも流通し、ニューヨークからベルリン、メキシコから東京、同時的にいたるところでもてはやされています。だからこそ、人々はそれら常套句も実は、ほとんどの場合、暗黙のうちにモデルに祭り上げられた、ある特定の歴史的社会の、争点を孕んだ複雑な現実のなかから生まれてきたものであることを忘れてしまうのです。

世界中に流布している文化的生産物のうち、もっとも油断のならないのは体系的な体裁をとった理論（「歴史の終焉」とか「ポストモダニズム」とかの）ではなく、むしろ、いかにも理論的な響きを持った、個別的なあれこれの用語です。たとえば「弾力性《フレキシビリテ》」という概念です。この言葉はまるで政治的スローガンのように機能し、「小さい政府」、社会保障の削減を呼びかける働きをしています。人々が不安定就労を運命として、いや、それどころか、恩恵として受け容れることを訴える働きをしています。また、「グローバリゼーション」というきわめて多義的な概念です。これは、国際的な力関係のある一つの状態を自然的な必然性と思い込ませる働きをしています。そのことによって、国家の弱体化と公共財の商品化を社会発展の不可避的帰結として記述することが可能になるのです。言語と思考の自動症に罹ったジャーナリストや評論家たちが広めて回るこうした用語をとおして、「ワシントン・コンセンサス」とも呼ばれることがあるものがまかり通ることになりました。つまり、国際的な出資機関が債務国を支援する条件として強制する「構造調整」策、より一般的に言えばネオ・リベラリズムの経済政策です。この二十年間のすべての先進国における苦しみと悲惨の数々――緊縮予算、公共支出の削減、民営化と資本の諸権利の強化、金融市場と貿易の無制限の開放、給与労働の弾力化と社会保障償還比率の切り下げ、治安維持対策の抑圧的強化、貧困に対する警察的・刑務所的対処――もここに起因しています。

文化生産の諸分野もますます市場の論理に従属させられ、かつての自律の成果を犠牲にせざるを得なくなってきています。文化生産の領域のこのような変化にも批判を加える必要があります。ハリウッドで製作される商業映画、大衆向け、あるいは学問めかした国際的ベストセラー本が創造的映画や文学を駆逐しています。視聴率競争と部数競争に明け暮れしているテレビと新聞は内容においても形式においても目配りの利いた丁寧な報道と分析にスペースを割かなくなってしまっています。そして、文化と政治にアクセスする他の手段を持たない人々の文化離れと政治離れに手を貸しているのです。

芸術家、作家、研究者は、過去においてよくあったような、進歩的政党の同伴者の役割に甘んずることは許されません。社会のなかで、いまだかつてなかったような新しい位置を築かなければなりません。権力に対する自律（実力者のブレーンとか専門家とかの役割はまさに権力との共犯関係に他なりません）と、社会の変革をめざす政治的たたかいに有効に参加する確固たる意志とを両立的に実行していく必要があります。そのためにこそ、いま残念ながら奪われてしまっている文化的生産と普及の手段を取り戻すために常にたたかわなければなりません。そして、政治的な目標を堂々と掲げた集団的作業によって、批判活動の新しい形態——研究のための最良の武器と研究成果の普及のための最良の武器を備えた新しい形態——を創出しなければなりません。

政治的なたたかいに知的な武器を投入することができる人々（このなかにはもちろん、さまざまな社会運動と労働組合のすべてのリーダーたちが含まれます。これらの人々の大半は過去の労働者至上主義と反知識人主義から脱却しています）に私がまず語りかけるのは、これらの武器、とりわけ社会科学が提供する武器がこれまでにもまして彼らには必要だからです。というのも敵は――シカゴ学派の経済学者であれ、国際的な大法律事務所の法律家であれ――みずからの科学性を固く信じ込み、あらゆる手を使ってみずからの科学性をひけらかしているからです。

(原注) Keith Dixon, *Les évangélistes du marché*, Raisons d'agir, 1999

シリーズ 社会批判 la critique sociale

市場独裁主義批判

目次

シリーズ

la critique sociale

社会批判

市場独裁主義批判

凡例

一　各章の原注、訳注はそれぞれ通し番号にして巻末にまとめた。
一　簡単な訳注は〔　〕で括り本文に組み込んだ。
一　発言の日付場所は、各章の末尾に掲載した。

読者へ

　この小冊子に収めたのは私の最近の発言（大半は未刊）です。これらのテクストは、いまや燎原の火のごとく燃え広がるネオ・リベラリズムに対して放った向かい火です。ネオ・リベラリズムという災厄がもたらす害悪は限定されたものではありませんし、偶発的なものでもありません。私は自分が放った向かい火を活字にすることでその射程をより広範なものにしたいと考えました。様々な機会に求められておこなった発言ですから、方法論的に統御された論説に比べると、不一致な点が出てくる可能性がありますが、それでも現代の災厄に抵抗しようと努力するすべての人々に有効な武器を提供できるかもしれないと考えました。(1)

　予言者的な言辞を弄することは私の好むところではありません。その時の状況や連帯感に流されて自分の専門的能力の範囲を踏み越えてしまうことのないように、これまで常に注意してきたつもりです。ですから、公けの場で発言することを受け容れたのはいつも、幻想かもしれませんが、義務感といったものに近い狂おしいような義憤に駆られてやむを得ずといった場合です。

あれこれの問題について他の人々と共同歩調がとれる場合には常に「集団的知識人」という理念に忠実たらんと努めてきましたが、これはなかなか実現しがたい理念です(2)。実効的であるために私個人の名において発言しなければならない場合もありました。そのようなときも、大勢の人々を立ち上がらせることは無理でも——メディアの世界で定期的に仕組まれる虚しい論争、対象もなければ主体もない虚しい論争のきっかけを提供するのでなく——支配層の言説の象徴的な力の本質をなすところのうわべの全員一致性を引き裂くことを願いつつ発言したつもりです。

国家の左手と右手

――あなたの監修で出ている雑誌『社会科学研究紀要』の最近号が「苦しみ」をテーマとしています。[3] 一般のメディアが相手にしないような人々のインタビューが載っています。貧しい近郊団地の若者とか、小規模農家、ソーシャル・ワーカーです。たとえば、荒れている中学校の校長さんが自分の苦い思いを吐露しています。校長として知識の伝達の円滑を計るどころか、心ならずも、警察署長のような存在になってしまっているというのですね。こういった人たちの個人的で逸話的な証言を集めることによって、集団的な不安や不満を理解できるとお考えですか？

PB いま、私たちは「社会的苦しみ」についてアンケート調査を進めているのですが、その過程でいろいろな人たちに会います。たとえばいま触れられた校長さんのように、社会の諸矛盾を抱え込んでいる、そしてそれを自分の個人的ドラマとして生きている人々です。他にもたとえば、北フランスの小都市の公務員で「荒れている周辺部《バンリュー・アン・ディフィキュルテ》」の社会政策上の対策すべての調整を担当している課長の場合を引用することもできます。この人は、「ソーシャル・ワーカー」と呼ばれる人々（社会福祉士、指導員、下級司法官。そして、中学校・小学校の教員も次第にこのカテゴリーに含まれるようになっています）のすべてが、いま、経験している諸矛盾の極限的な形態に直面しているのです。これらの人々は私が「国家の左手」と呼んでいるカテゴリーです。つまり、国家の内部において、過去のさまざまな社会闘争の痕跡であるところの「金食い虫」省庁の下級公務員たちです。彼らは「国家の右手」、つまり、大蔵省、国営・民営の大銀行、各省庁の大臣官房を牛耳るエナルクたち[*1]と対立するカテゴリーです。いま起こっているさまざまな社会運動、これからも起こるであろう社会運動は上級国家貴族に対する下級国家貴族の反乱を表現しているのです。

——そうした人々の怒り、絶望と反乱をどのように説明しますか？

PB　国家の左手は、右手がもはや、左手のやっている仕事を知りもしなければ知ろうともしないと感じているのではないでしょうか。いずれにせよ、左手はその代償を払わされてはたまらないと考えているのです。国家の左手を構成する人々が抱いている絶望の主たる理由の一つは、社会生活で国家が担っていた、国家の責任であった、ある種の領域から国家が手を引いてしまっている、手を引きつつあるということにあります。公共住宅、公共テレビとラジオ、公立学校、公立病院などといった部門です。これらの人々すべてでないにしても、少なくとも一部の人たちからすれば、社会党が政権を握る国家であるだけに、なおさら驚き呆れざるをえない振る舞いだというわけです。社会党政権なのだから、せめて差別なしに万人に開かれ提供されている公共サービスを保証する国家であることを期待してもよいだろう、ということです。政治の危機とか反議会主義とか言いますが、実は公益の責任を担う国家に対する絶望の現れなのです。

社会党が自分で言うほど社会主義的でないことに目くじらたてる者はいないでしょう。きびしい時代ですし、思うように行動できる範囲は限られています。しかし、社会党たるものがここまで「公けのことがら《ショーズ・ピュブリック》」[*2]つまり共和制を後退させることに力を貸しえたということには、驚かされます。まずは事実においてそうなのです。welfare state（福祉国家）の成果をなし崩し的に清算しようとするさまざまな措置や政策です。また特に、公的な言説においてそうなのです。私企業を称賛する（まるで企業家精神は企業以外に発揮されるべき地盤がないかのごとく）わけです。私益の追求が奨励されます。こうしたことは人々からすると驚くべきことです。とりわけ、真の意味で自分の使命を果たすための手段を与えられぬまま、「社会政策」的な任務を果たすべく、そして市場の論理の耐え難い弊害を補うべく最前線に立たされる者たちからすれば、毎回毎回、だまされた、裏切られたと思うのも仕方ないのではないでしょうか。

ずっと前から理解すべきであったのです。国家の左手である人々の反乱は賃金問題を越え出たところに広がっていることを。賃金が労働と、その労働を担う勤労者とに認められた価値のはっきりした指標であることはもちろんですが……　ある任務に対する蔑視はまずは、それに対して与えられる報酬の多寡によって印されます。

——社会党政権の下でも、政治的指導者の行動の余地はそれほど限られているとお考えですか？

PB　そう思いこませようとしているほど限られていないでしょうね。いずれにせよ、統治者たちが思うままに振る舞える領域が残されています。象徴的次元の領域です。模範的な行動はすべての公務員に課せられた義務であるはずです。恵まれない人々の利益に奉仕するという伝統を掲げる者たちなのですから。しかし、それを疑わしめるような事柄が立て続けに起こっています。たとえば汚職（一部の高級官僚が受け取る特別手当のように半ば公然たるものもあります）。公僕精神に対する裏切り（と言うのはきつすぎるかもしれませんが、天下りがそうです）。そして、公的な財と便益とサービスを私利私欲のために流用する行為がはびこっています。親類縁者やコネのあるものの利益をはかる（なにしろわれらのリーダーたちにはたくさんの「個人的な友人」がいます）[3]、支持者や応援者との持ちつ持たれつの関係などです。

　象徴的利益《プロフィ・サンボリック》のことも忘れてはいけません。テレビは賄賂と同じくらい公徳心の堕落を助長しました。テレビは「目立ちたがり屋《マテュヴュ》」を政治的・知的な前面に招き寄せ押し出しました。かつては公務員やさまざまな分野の活動家が備えていた、共同の利益に黙々と奉仕するという美徳をかなぐり捨てて、ひたすら人目に触れよう目立とうとする者たちのことです。「アナウンス効果」[4]がこんなにもよく使われる手段になってしまったのも（ライバルに先駆けて）目立とうとする同じようなエゴイズムから説明できます。大臣たちにとって、どんな政策も公表されない限り価値がありません。しかも、公表したらもう実現したも同然ということになっています。腐敗を指摘する側が顰蹙を買い非難されるのは、建前としての美徳と実際の行動のギャップが露わにされてしまうからですが、要するに、大きな腐敗も日常的なちょっとした「弱さ」（贅沢をひけらかす、物質的あるいは象徴的利権を有り難がって受け取る）の極限的な形態にすぎないのです。

――あなたが明らかにしたような状況に対して、市民の反応はどのようなものであるとお考えですか？

PB 最近、古代エジプトに関するあるドイツ人の論文を読んだのですが、国家や公共の利益に対する信頼が揺らいでいる時期には二つの現象が顕著になってくるというのです。支配層のあいだでは腐敗です。これは公けのことがらを尊重する心が失われるのと相関的な現象です。被支配層のあいだでは個人的な宗教心が高まります。これは地上において頼るものがないという絶望感に由来しています。同じように今日、市民は自分が国家の外に排除されてしまっている（実は国家は市民に義務としての物質的な寄与〔納税〕の他に何も求めていないのです。国家への献身とか帰依とかはお呼びでないのです）と感じているので、国家に拒絶反応を示しています。国家を外国勢力のように扱い、自分の利益に最大限に利用しようとしています。

――統治者層は象徴領域を思うままに利用できると言われましたが、これは自分らの行動を模範として示すだけでなく、人心を動員する言説とか理念にもかかわることです。この点で、なげかわしい現実はどこに原因があるのでしょうか？

PB　知識人の沈黙ということが大いに話題になったことがあります。いま私が指摘したいのは政治家の沈黙です。彼らは市民の心を結集する理念をまったく持ち合わせていません。おそらく、政治が職業化したためと、政党のなかで身を立てようとする者たちに課せられるいろいろな条件もからんで、大きなヴィジョンを持った人物が出にくくなっているためです。新しいタイプの政治家が出現して政治活動の定義が変わってしまったためもあるでしょう。堅実な政治家と見せるためには、あるいは時代遅れ、過去の遺物と見られないようにするためには、自主管理《オートジェスティオン》よりは経営を語った方がよいということを（政治科学の）エリート校で学んできた者たちです。経済的な合理性の外見（つまり言語）を身につける方がよいことを学んだのです。
これら経済に中途半端に通じた政治家たちはＩＭＦ的世界観（これは一方で南北関係に深刻な影響を与えていますし、また、与えることでしょう）の偏狭で近視眼的な経済主義に閉じこもっていますから、経済最優先の立場から正当化されている現実主義政策《レアルポリティーク》がもたらす唯一確実な結果、すなわち、非行、犯罪、アルコール依存症、交通事故などの増大という結果の、短期的な、また、長期的な実質コストを計算に入れることはもちろんありません。ここでもまた、財政的均衡の強迫観念に囚われている国家の右手は、「予算優先経済」がもたらす、かえってコスト高な社会的結果に対処するために、国家の左手が進めている仕事が目に入らないのです。

――かつては国家の政策とか対策の土台になっていた価値はもはや信頼に値しないということですか？

PB　そうした価値を最初に踏みにじっているのは、まさにそれらの番人である者たちなのです。社会党のレンヌ大会[*5]と特赦[*6]は一〇年間にわたる反社会党キャンペーン以上に社会党の信用を失わせました。失望して離反した一人の党員のほうが一〇人の敵よりも大きな損害を与えます。一〇年間にわたる社会党政権は国家に対する信頼を完全に失わせました。リベラリズムの名において七〇年代に開始された福祉国家の破壊を完遂しました。住宅政策がそのよい例です。[*7] この政策の表向きの目的は、集合住宅《アビタ・コレクティフ》から小ブルジョワジーを救い出す（同時に、そのことをつうじて「集産主義《コレクティヴィスム》」〔＝共産主義〕から引き離す）こと、そして、一戸建て住宅あるいは共有建物のなかのマンションの私的所有権者とすることでした。この持ち家政策はある意味であまりにもうまく行きすぎました。その結果は、ある種の経済政策の社会的コストについて今さっき私が言ったことを裏付けています。社会党政権の住宅政策はおそらく、〔事実として貧困層のみが集合住宅に取り残された〕空間的隔離と、その結果としてのいわゆる「近郊団地の問題」の主たる原因です。

——理念的な定義を提起しようとすると、国家、「公けのことがら」つまり共和制の意味の復権ということになりますか？　世間一般の意見とはだいぶ異なりますね。

PB　世間一般の意見と言いますが、それは一体誰の意見ですか？　新聞にものを書く人々、「小さい政府」を推奨し、パブリックなものを、そしてパブリックなものの公衆《パブリック》にとっての大切さを軽率にも葬り去ってしまう知識人たちの意見です。それこそ「共有された憶説の効果」の典型的な実例です。大いに議論の余地のある主張がたちまち議論の余地なしとされてしまうのです。国家の撤退に、もっと幅広く、経済の諸価値への服従に好都合な空気をつくり出した「新知識人《ヌーヴォー・アンテレクテュエル》」の共同作業の成果を分析する必要があります。「個人主義の復権」が唱えられました。これは唱えていれば実現するお題目のようなものですが、welfare state（福祉国家）の哲学的基盤を、そして特に（労働災害や病気や貧困などにおける）共同責任という概念——これは社会思想（そして社会学思想）のもっとも重要な成果です——を破壊することを狙ったものです。個人の復権、これはまた「被害者を非難する」こと（不幸の責任はその当人）、そして被害者に self help（自助）を説教することを可能にしました。すべて、企業の負担を減らす必要を倦むことなく繰り返すなかでのことです。

六八年の危機（五月革命）は文化資本のすべての小口所有者を奮起させた象徴革命であったわけですが、それが事後的に誘起したパニック反応によって、文化的復古に好都合な条件（ソヴィエト型の体制が崩壊するという望外の（！）おまけまで付いて）が生み出され、「政治学院思想」[*8]が「毛沢東思想」に取って代わりました。今日、知識人界は「新知識人」を生み出し売り込むための闘争の場となっています。知識人とその政治的役割の新たな定義、哲学と哲学者の新たな定義を打ち出すための闘争です。残念なことに、知識人あるいは哲学者はいまや、専門性を欠いた政治哲学の曖昧な論争に熱中しています。投票日の晩、テレビの選挙番組で空疎な政界分析にうつつを抜かしたり、方法論の裏付けのない商業的世論調査の結果を場当たり的にコメントするだけで、社会科学をやっているつもりでいるのです。この手合いを指すのにうってつけの言葉があります。プラトンの言葉ですが doxosophe です。「学者気取りの意見の技術者」というほどの意味ですが、この「臆説家」たちは、実業家や政治家、政治ジャーナリストたち（つまり世論調査を発注することができる者たち）とまったく同じ言葉で政治の問題を提起するのです。

——プラトンの名を挙げられましたが、社会学者の姿勢は哲学者の姿勢と近いとお考えですか？

PB 自明の説——とりわけ問いの形を取って現れる自明の説——を問い直す、他人の説と同じく自分の説をも問い直すという点で、社会学者（哲学者もそうですが）は臆説家《ドクソソフ》と対立します。臆説家はそれをすごく嫌うわけです。アリストテレスの用語に lieux communs〔リュー・コマン〕というのがあります。文字通りには「共通の場所」という意味ですが、「議論のなかで論拠としては用いるが、それ自体については論じない概念やテーゼ」のことです。こうした通説《リュー・コマン》を無意識に受け容れることはきわめて政治的な服従を含意するわけですが、この服従を拒否することを臆説家は政治的偏見のなせるわざと見るのです。

――あなたはある意味で社会学者を、ただ一人、どこに真の問題があるのかを知っている哲人王 philosophe-roi の場に置く傾向があると言えませんか？

PB　私がなによりもまず擁護するのは批判的知識人が存在しうるという可能性と、存在しなければならないという必要性です。臆説家たちが蔓延させる知的臆説《ドクサ》を批判する知識人です。真の意味での批判的対抗権力が存在しなければ真の民主主義は存在しません。知識人はこの対抗権力の一つですし、もっとも強力な批判者です。私はですから、過去および現代の批判的知識人（マルクスやニーチェ、サルトル、フーコー、それと『六八年の思想』[*9]などというレッテルの下にひとまとめにされている思想家たち）の像を破壊しようとする企ては、「公けのことがら」を破壊する企てと同じくらい危険であると考えています。それは逆コース、復古の総体的な企ての一環をなすものです。

私はもちろん、知識人が皆、常に、彼らに課せられた大きな歴史的責任にふさわしい言動をとってきて欲しかったと思います。自分の行動に、道徳的権威だけでなく専門的能力のすべてをも投入するということであって欲しかったと思います。一例を挙げれば、ピエール・ヴィダル＝ナケのようにです。彼は、歴史を歪めて利用する動きを批判する仕事に、歴史学の専門的方法を駆使しています。(4) その点を断った上で言うのですが、カール・クラウス*10が「二つの悪のうち、私は小さい悪を選ぶことを拒否する」と言っています。私は「無責任な」知識人を許しませんが、「知識人まがいの」実業家はますます許せません。変幻自在、書きまくる輩です。二つの取締役会、三つの新聞社のパーティ、いくつものテレビ出演の合間を縫って、年に本を一冊製造する連中です。

——それでは知識人にどのような役割を期待しておられますか？　とくに、統一ヨーロッパ建設の過程で。

PB　私は、作家、芸術家、哲学者、学者がそれぞれ専門とする領域で自分の意見を卒直に表明できるようになることを願っています。知的活動の論理、すなわち論証と反証の論理が公的な領域全体に行き渡ることは万人にとって大いに有益なことだと信じます。いまは、政治の論理、つまり告発と中傷、スローガン化と敵対者の思想の歪曲の論理が知的活動の分野にまで広がっています。ですから「創造者《クレアトゥール》」たちが彼らの公共奉仕《セルヴィス・ピュブリック》の機能、そして必要な場合には救世《サリュ・ピュブリック》の機能を果たすことは大いに望ましいことです。

ヨーロッパ統合は、単に普遍化の一つ上の段階に移行するというだけのことです。世界国家への途上の一つのステップを画するというだけのことです。普遍化は知的領域においてさえ実現からほど遠いものがあります。ヨーロッパ中心主義が古い帝国主義国家の傷つけられたナショナリズムに取って代わるのでは、なんの益もありますまい。十九世紀に生まれたユートピア思想がいずれも腐臭芬々たる醜態を晒している今こそ、人心を欺くのでなく心ある人々を動員できるような現実主義的な理念の世界を再構築する集団的作業を進める条件を緊急に作り出さなければなりません。

一九九一年一二月　パリ

◆R・P・ドロワとT・フェランズィ（共に『ル・モンド』記者）によるインタビュー。『ル・モンド』一九九二年一月一四日付。

あるがままのソレルス

とうとう、あるがままのソレルス、本来のソレルスが馬脚を顕わした。[*11] 真実が示現するのを、必然性が成就するのを見るときの、あのスピノザ的な不思議な愉楽。「あるがままのバラデュール」という、象徴的な意味が一杯に詰まったタイトル、あまりに見事すぎて本当とは思えないほどのタイトルのなかに、一人の人間の全軌跡――『テルケル』からバラデュールにいたるまでの、文学的（また政治的）似非前衛から正真正銘の政治的後衛にいたるまでの全軌跡――の真実と必然が凝縮されている。

目くじら立てるほどのことでない、と、事情通は言うであろう。ナポレオン三世の時代以来、前例のないような恭しい態度で大統領候補バラデュールの足下に捧げたものは、文学ではない、ましてや前衛でもない、文学と前衛の模造品であることを、ずっと前から、知っている人々だ。しかし、このまやかしはうまくできているから、ソレルスがそのメッセージを送った相手、彼がシニックな廷臣としておもねろうとしている相手であるバラデュール派の政治家やＥＮＡ出身高級官僚たち〔＊1参照〕はまんまと乗せられてしまいそうだ。型にはまった作文技法と大使館の晩餐会作法を教える政治学院〔＊8参照〕式の生半可な教養を身につけたお歴々である。それにまた、それぞれ一時期、『テルケル』の周りに群がった、まやかしの名手たちも騙されそうだ。何者でもないのに、文学、哲学、言語学を何も知らないのに、作家、あるいは哲学者、あるいは言語学者を気取った徒輩、あるいは同時にこれら三つを気取った徒輩。笑い話ではないが、教養《キュルテュール》(文化)の曲は知っているが歌詞は知らない連中である。大作家の身振りを真似することだけはできるし、一時期、文学界に恐怖政治を敷くこともできた連中である。騙される者たちがいる限りにおいて、彼のペテンが通用してしまう限りにおいて、芸術崇拝を標榜する破廉恥漢・偽善者＝ソレルスは文学界という小宇宙を自立させるための二世紀にわたる闘いの遺産を――文化的・政治的に(警察的にとさえ言いたい)もっともレベルの低い権力の足下に捧げることによって――愚弄し、辱め、踏みにじったのである。そしてまた、みずからの身をひさぐだけでなく、ヴォルテールやプルースト、ジョイスなど、しばしばヒロイックであった著作家たち——体制派の新聞・雑誌御用達の文芸評論家としてこの人々の驥尾に付すふりをしながら——の身を売り渡しているのである。

危険を伴わない侵犯へのソレルスの崇拝はリベルタン精神をそのエロティックな次元に矮小化し、シニシズムを一つの美術にしてしまった。ポストモダンな《anything goes》（「万事気ままに」）を処世訓とすること、また、同時に、あるいは続けて、どちら様の肩も持つことは「すべてを手に入れて何も払わない」やり口である。見せ物社会《スペクタクル》を批判したかと思えば各種メディアのスター振る舞い。サド崇拝を謳い上げたと思えばヨハネ＝パウロ二世に最敬礼。革命思想を鼓吹したかと思えば伝統的正書法を擁護する。作家の仕事を神聖視したかと思えば文学を壊滅させる（『女たち』〔八三年刊のソレルスの小説〕を見よ）、といった具合である。

自由の化身を名乗り生きてきたつもりが、実は、界《シャン》に作用するあれこれの磁力のままに鉄の削り屑のように右往左往してきただけのこと。ミッテラン時代（一九八一—九五）が政治、特に社会主義に対して果たした役割は、まさにソレルスが文学、特に前衛に対して果たした役割に等しいと言ってよいが、そのミッテラン時代の政治的変質に追随し、また許可されて、ソレルスは時代のすべての政治的文学的な幻想と脱幻想に弄ばれてきた。彼の軌跡はみずからを例外としているが、実は統計的には最頻数《モード》、つまり月並みである。その点で、政治的、文学的復古期の、資質に欠けた作家のキャリアの典型である。彼は野心に満ちた作家の一世代、三十年足らずの間に、毛沢東主義あるいはトロツキー主義のテロリズムから出発して金融、保険、政治、ジャーナリズムの世界の権力的位置を占めるにいたった者たち（この手合いはソレルスにすすんで寛仁な態度を示すだろう）全体の化身なのである。

　ソレルスの独自な点（彼にも独自性はあるのだ）は、変節と裏切りという二つの徳性の理論家になったことにある。すべてから解放され、すべてに醒めてしまった新様式のうちに自己を認めることを拒否するすべての人々に、教条主義者、懐古主義者、それどころかテロリストのレッテルを貼るという見事な逆転によって自己を正当化するのだ。数え切れない彼の公的発言はすべて、変身の称揚である。より正確に言えば（芸術家の反逆についてのブルジョア的な見方を強化するのに打ってつけの）二重の変身の称揚である。二度、半回転をすることによって、二度、半革命をすることによって、出発点——モーリヤックとアラゴンのご両所から序文を寄せてもらった田舎出身のブルジョワ青年の沸々と逸る野望——に立ち返るのだ。

一九九五年一月　パリ

◆このテクストは日刊紙『リベラシオン』一九九五年一月一九日付に発表された。週刊誌『エクスプレス』一月一二日号に掲載された「あるがままのバラデュール」というフィリップ・ソレルスの文章を批判したものである。

試金石としての外国人の運命

　フランスが外国人に認めている地位の問題は「些末なこと《デタイユ》」ではない。これは実は本来なら問題になりえない事柄なのだが、残念ながらいつの間にか政治闘争において避けがたい中心的な問題——おそろしくまずい提起のされ方をした問題であるが——になってしまった。

　「フランス在住外国人に関する選挙公約検討グループ」（GEPEF）は、共和制の立場に立つ大統領選候補者たち[*12]にこの問題について明確に意見を表明させることが大切であると確信し、一つの実験を試みた。その結果は公表に値するとわれわれは考えた。われわれの要請に対して候補者たちはまともに答える努力をしなかった。ロベール・ユー（共産党）とドミニック・ヴォアネ（緑の党）を除いて。ヴォアネ候補は外国人問題を自分の選挙運動の中心的課題の一つとしていて、パスクワ法[*13]の廃止、国外退去させることが不可能な者の地位の合法化、少数民族の権利を保証する措置を公約に掲げていた。エドゥワール・バラデュール〔保守派の候補の一人〕はわれわれの二六項目の質問に関係のない一般論を述べた書簡を送ってきた。ジャック・シラク〔保守派の候補の一人。決選投票で勝利〕はインタビューの申し入れに応じなかった。リオネル・ジョスパン（社会党）はマルティヌ・オブリとジャン゠クリストフ・カンバデリスを代理としてインタビューに応じさせたが、この両人はこの外国人問題についてのジョスパンの立場によく通じているとは思えず、明確な説明を得ることができなかった。

候補者たちの沈黙と説明のうちに容易に読みとれるのは、要するに彼らは排外主義的な言説――何年も前から、失業や非行や麻薬といった社会の不幸を憎悪に変質させようとする言説――に対抗させるべき提案を持っていないということである。確固とした信念がないのか、信念を表明することで票を失うのを怖れているのか、彼らはこの常に現存し常に不在の擬似問題について、もはや、月並みな常套句かやましさ混じりの間接表現でしか語ろうとしなくなってしまっている。「安全」がどうとか、「入国を最大限減少させる」必要、「不法移入」（進歩的なところを見せるために、不法移入を食い物にする「仲介人やボスの役割」にも言及しつつ）をコントロールする必要がどうとか。

　こうした票目当ての計算は世論調査に魅入られた政治・メディア世界の論理によってますます助長されている。しかしこの計算は、実は、何の根拠もないいくつかの前提の上に成り立っているにすぎない。いずれにせよ、魔術的融即《パルティシパシオン・マジック》、接触による感染、言語連合といったもっとも原始的な論理以外に何の根拠もない前提である。ほんの一例を挙げよう。どこからも「移出《エミグレ》」したのでない人々、そして他方で「第二世代」と呼ばれている人々について、どうして「移入者《イミグレ》」と言えるのか？　同様に、進歩的な仮面を被りたがる心がけのよい方々が「移入者《イミグレ》」という言葉に連合させる「不　法《クランデスタン》」という形容詞の主たる機能の一つは、人間が国境を密やかに《クランデスタン》通過する行為と、麻薬や武器のように（国境の両側で）禁止されている物資を当然のことながらごまかして、つまり不　法《クランデスタン》に通過させる行為とを、言葉の上でも頭のなかでも同一視させることではないだろうか？　これこそ、国境を越える人間を犯罪者と考えることを許す犯罪的な混同である。

　政治家はついには、こうした思いこみがすべての選挙民に広く共有されているものと考えるようになる。彼らの票目当てのデマゴギーは要するに、「世論」は「移民」に、外国人に、いかなる種類の門戸開放にも反対であるという公準にもとづいている。現代の占星術師である「世論調査業者」のご託宣と、政治家のもとで彼らに欠けている能力と信念の代役を務めている政策ブレーンの勧告は「ルペンの票を狙う」よう彼らに強く迫る。ところが（この観測を覆す論拠を一つだけ、しかし強力な論拠を挙げるが）パスクワ法が施行されて二年、治安重視を喧伝しその対策を実行してきたにもかかわらず、ルペンの得票を見ると、外国人の権利を制限すればするほど、ルペンの党・国民戦線の支持者が増大していると結論せざるをえない（いささか単純化がすぎるかもしれないが、フランス在住外国人の法的地位の改善を目的とする措置はすべてルペンの得票率を上げる効果を持つという、よく繰り返される説以上に単純であるわけはない）。いずれにせよ確かなことは、国民戦線に流れる票を排外感情だけのせいにするのではなく、たとえばマスコミ・政界を巻き込んだ汚職事件など、他の諸要因を考慮に入れる必要があるということである。

その上でさらに、現代的な民主主義社会における外国人の地位の問題を考え直してみる必要があるだろう。フランスもそうだが、人と財の自由な流通からあらゆる種類の利益を得ている国々において、人の移動に制限を課すことを未だに正当視する国境とはいったい何なのか、という問題である。短期的にはせめて（よい意味での国益の論理からしても）パスクワ氏の名を冠せられている治安重視政策のために国が負担するコストを算定してみる必要がある。警察による取り締まりのさなかで、また、それによって発生する差別（シラク候補の十八番である例の「社会的断層《フラクテュール・ソシアル》」をつくり出し強化する差別）と、ますます頻発する基本的人権の侵害がもたらすコスト。フランスの国際的評価と人権擁護を重んずる特別の伝統に対するマイナスのコスト、等々を。

　外国人に認められる地位の問題はまさに決定的な基準である。候補者たちが、すべての政策において、偏狭・退行的・治安最優先・保護主義・保守主義・排外主義のフランスに反対する選択、そして門戸開放・進歩主義・国際主義・普遍主義のフランスのための選択をなし得るかどうかを占う試金石《シボレテ》*14である。それゆえにこそ、公民＝選挙民は、外国人「受け容れ」問題についてフランスの現在の政策ときっぱり縁を切ることをもっとも明確に公約する候補者に白羽の矢を立てなければならない。それはリオネル・ジョスパンであろうと思われるのだが、果たして彼にその決断が下せるであろうか？

一九九五年五月　パリ

◆このテクストは『リベラシオン』一九九五年五月三日付に、ジャン＝ピエール・アローと私の連名で発表された。「フランス在住外国人に関する選挙公約検討グループ」（GEPEF）が一九九五年三月に実施した調査結果をまとめたものである。選挙戦から事実上排除されてしまっていたテーマである「フランス在住外国人の状況」を「候補者と共に検討する目的で」八人の大統領選候補者にアンケートをおこなった。

理性で武装した、あるいは理性の威を借りた権力乱用

［……］西欧の似非普遍主義、私が普遍性の帝国主義(5)と呼ぶものに対して、イスラム諸国の内部から非常に深い問いかけが提起されています。フランスはかつてこの帝国主義を高々と掲げていました。まさにそのためにこのドイツでは——私から見るとヘルダー*15の名と結び付けられる——民衆主義的なナショナリズムが盛り上がったのでした。ある種の普遍主義は、影響力を拡大するために普遍性（人権、その他……）を掲げるナショナリズムに他ならないことが事実だとすると、そのような似非普遍主義に対する原理主義的な反応をすべて反動的と簡単に決めつけてしまうことはできなくなります。科学万能論的な合理主義——IMFや世界銀行の政策の源泉となっている数学的モデルの合理主義、アメリカ法の伝統を全

世界に押しつけようとしている巨大な多国籍法律コンサルタント会社であるいわゆる「ロー・ファームズ」の合理主義、さまざまな合理的行動理論の合理主義など――こうした合理主義は西欧の傲慢の表れであると同時に、その傲慢の支えにもなっています。その結果、一部の人間が理性の独占権を持っているかのように、（よく使われる表現ですが）世界の憲兵であるかのように振る舞う結果をもたらします。正統な暴力の独占的所有者をみずから任じ、武器の力を普遍的正義のために役立てる資格があると称するにいたります。一方、テロリズムの暴力は――ほとんどの場合その根元となっている絶望の非合理主義を介して――理性を掲げる権力が行使する惰性的暴力に照応する暴力となります。経済的強制はしばしば法的理性の衣をまといます。帝国主義は国際機関の正統性《レジティミテ》を隠れ蓑とします。帝国主義はまた、それ固有のダブル・スタンダードを隠蔽するための合理化という欺瞞的口実を利用して、アラブ、南米、アフリカ諸国の人々のあいだに、理性に対する根深い反発――（経済的、科学的などの）理性で武装した、あるいは理性の威を借りた権力乱用と切り離すことができない反感――を掻き立てようとし、またそれを正当化しようとするのです。こうした様々な形の「非合理主義」は私たち西欧の合理主義――時と場合によって、帝国主義的、侵略的、征服者的な、あるいは凡庸、偏狭、防衛的、退行的で弾圧的な合理主義——の産物です。自分たちの権力乱用を理性の外見で隠そうとする者たちとたたかうのは、恣意的な支配を固めたり正当化したりするために理性の武器を利用しようとする者たちとたたかうのは、理性を擁護することにほかなりません。

一九九五年一〇月　フランクフルト

◆一九九五年一〇月一五日、フランクフルト・ブックフェアの際に国際作家議会が組織した公開討論会での発言。

国鉄労働者の言葉

一〇月一七日火曜日、首都圏高速鉄道ＲＥＲの列車の二両目が爆破された。この列車の運転手は複数の証人によるとまさに模範的に冷静な態度で乗客の避難を誘導していた。その後マスコミの質問に答えて彼は、この爆破事件を在仏アルジェリア人全体の責任であるかのように言う動きに警告を発した。彼はごく簡潔に言ったのである。在仏アルジェリア人たちは「おれたちと同じ人間」ですよ、と。

この普通でない《エクストラ・オルディネール》言葉、パスカルの言う「庶民の健康な真理」を述べている言葉は普通《オルディネール》のデマゴーグたちが垂れ流す言説ときっぱり縁を切っている。実際は彼らが生み出すことに手を貸しているのに、庶民特有のものと信じ込んでいる排外感情とか人種差別に無意識的あるいは計算ずくで調子を合わせているデマゴーグたち。ときに彼らが「単純な階層」と呼んでいる人々が期待しているのはこんなところだろう、こんなところでご満足いただけるだろうということで、彼らが考えるところでは庶民特有の、単純な考えを庶民に提供するデマゴーグたち。市場（とスポンサー）の裁可——視聴率と世論調査の形で表現される、そして最大多数の民主的宣告とシニックにも同一視される裁可——をよりどころにして、彼らの俗悪さと彼らの卑劣さを万人に押しつけるデマゴーグたち。

国鉄労働者の「おれたちと同じ人間ですよ」という特異な言葉は（自動的に口をついて出る表現、慣れっこになってしまった映像、類型化した言葉をつうじて）毎日、なんら良心に恥じるところなく、テレビ、ラジオ、新聞で行使されている象徴暴力に抵抗することが可能であることを証明している。また、この暴力が生み出す慣れの効果に抵抗することが可能であることを証明しているのである。国民全体のあいだで、人種差別的な侮辱と蔑視を見逃しにする限界値を知らぬ間に高めることによって、前論理的思考および言語の混同（イスラム教とイスラム原理主義《イスラミスム》の、イスラム教徒《ミュズュルマン》と原理主義者《イスラミスト》の、原理主義者とテロリストの同一視）に対する批判的防壁を低くすることによって、そして一世紀以上にわたる植民地主義と植民地戦争から引き継いだ思考と行動の悪弊をひそかなやり方で強化することによって生み出す慣れの効果である。最近、警察がおこなった「検問」は一八万五千件に達するということで内務大臣が大いなる満足の意を表明したが、その検問の一つのケースでよいから、撮影して子細に分析してみればよい。数え切れないくらい多くの、ちょっとした侮辱（tu「きさま」と呼んで見下す。公衆の眼前で身体検査をする、など）あるいは明らかな不当行為と職務違反（暴力を振るう。住居のドアを打ち壊す。プライバシーを侵害する）が、かつては外国人に大きく門戸を開いていることで知られていたこの国の多数の市民あるいは在留者に加えられているかを如実に知ることができるだろう。そしてまた、警察のこうした行為が呼び起こす反発と怒りの激しさを推測することができるであろう。世論を安心させることを狙った、あるいは治安優先・厳罰主義を主張する一部の者たちを満足させることを狙った大臣のこの種の発言はこの国の将来にとってかえって不気味な響きをもっているのではないだろうか。

　国鉄労働者の簡潔な一語は、たとえば、物事を徹底的に単純化しようと欲するあまり、もともと両義的な歴史的現実を改竄し、二元論《マニケイスム》的思考の安全な二項対立——理性的な対話をプロレスの試合と混同するきらいのあるテレビがモデルとして作り上げた二項対立――に矮小化してしまう者たちと断固としてたたかうべきであることを示唆している。あるアイデアや価値、人間、制度、あるいは状況について、それらの複合性においてそれらの真実を分析するよりは、それらに賛成あるいは反対の立場を表明することの方がはるかにやさしい。ジャーナリストが「社会問題」と呼ぶもの――たとえばイスラム教徒の女子生徒が被って登校する「ヴェール」の問題――について、その意味（エスノセントリズム的直感とまったく反対であることが多い意味）を分析し理解する力のない者ほど、すぐに立場をはっきりさせる傾向がある。

歴史的現実は常に計り知れない謎である。うわべは明々白々であっても読み解くことはむずかしい。そしておそらくは、アルジェリアの現実以上に、このような性格を持った歴史的現実はない。であるからこそ、アルジェリアの現実は認識にとっても行動にとっても手強い挑戦なのである。アルジェリアの現実は分析の営みの真偽を決める試験紙である。と同時に、いや特に、すべてのアンガージュマンの真偽を決める試金石である。

アルジェリアの現実については、状況と制度との厳密な分析を進めることこそが、部分的な捉え方に対する、また、二元論的単純化に対する解毒剤となるであろう。部分的な捉え方、二元論的単純化——この二つはしばしば「共同体至上主義《コミュノータリスム》」的な思考の特徴である形式主義的で自己満足的な態度と結び付いているのだが、それらが生み出す表象とそれらが表現される言葉をとおして、殺伐たる結果を導きかねないのである。

一九九五年一一月　パリ

◆このテクストは『アルジェリア・オールタナティヴ』誌、一九九五年一一月号に掲載された。

一つの文明の破壊に反対する

私は、この三週間、一つの文明の破壊に反対してたたかっているすべての人々に私たちの支持を伝えるためにやってきました。一つの「文明《シヴィリザシオン》」と言いましたが、これは公共サービスの存在と結合している文明で、教育・健康・文化・研究・芸術に対する権利、そして何よりも労働に対する権利の共和主義的な平等という「文明」のことです。

私がここにやってきたのは、皆さんの根の深い運動を私たちが理解していること、つまり皆さんの運動のなかに表現されている絶望と希望を理解していること、そして私たちもその絶望と希望を強く感じていることを伝えるためです。いま盛り上がっている運動を理解できない人たちのことが私たちには理解できない（いや、あまりにもよく理解できる）ということを伝えるためです。今の運動が理解できない人たちというのは、たとえば一二月一〇日付の『ジュルナル・デュ・ディマンシュ』紙でこう言っている哲学者〔ポール・リクールのこと〕です。「世界の合理的な理解」（これは、彼によればまさしくジュッペ首相が体現していると いうことになりますが）と「一般の人々の深いところから発する願望」との間に存在する「懸隔」を知って驚愕した、と。

この哲学者のように、学識豊かな「エリート」の長期的ヴィジョンと、庶民あるいはその代表者たちの近視眼的な衝動とを対立させるのは、すべての時代、すべての国の反動思想の典型的な特徴です。しかしながらそれは今日、国家貴族（学歴と科学——とりわけ経済学——の権威から自己の正統性の確信を得ている国家貴族）の出現と共に新たな形を取っています。国家貴族という新たな神授統治者たちからすると、理性や近代性はもちろん、運動、変化も、統治者、つまり閣僚や経営者、「専門家《エキスパート》」の側にあることになります。そして非理性や旧態依然、惰性や保守主義は民衆、労働組合、批判的知識人の側にあることになります。

「私はフランスを真面目な国、そして幸せな国にしたいと思っているのです」というジュッペ首相の言葉は、まさにこのテクノクラート的な確信を述べているのです。この言葉を翻訳すればこうなります。「真面目な人たち、つまりエリートたち、エナルク〔＊1参照〕たち、つまり国民の幸福はどこにあるかを知っている者たちが、たとえ国民は望まなくても、つまり国民の意思に反してでも、彼らの幸福を実現してくれることを、私は願っている。というのも、例の哲学者が述べているように、国民は自分の欲望に目がくらんで、自分の幸福が――とりわけ、この私、ジュッペのように、彼らの幸福を彼ら以上によく知っている者たちに統治されているという幸福が――分からなくなっているからである。」テクノクラートたちはまさに、このように考えているのです。民主主義をこのように理解しているのです。だとすれば、彼らとしては人民の代表として統治しているつもりでいるのに、その人民が彼らに反対するために町に出てデモをすることが彼らには理解できない(忘恩の極みではないか！）ということが、私たちには理解できることになります。

国家の消滅と、市場と消費者（市民の商業主義的代替物である消費者）の全盛時代を説教するこの国家貴族は国家を私物化してしまいました。公益を私益に、公事〔＊2参照〕、つまり共和制を私事にしてしまいました。今日のわれわれの課題は、テクノクラシーに反対してデモクラシーを回復することです。「専門家」ときっぱり縁を切らなければなりません。

新たなリヴァイアサンである「金融市場」の審判を議論抜きに押しつけ、交渉ではなく「説明する」のだと言う、世界銀行やＩＭＦ流の「専門家たち」です。リベラリズムの理論家たちが説く歴史的不可避性に対する新たな信仰ときっぱり縁を切らなければなりません。集団的政治活動の新しい形態――さまざまな必然性、特に経済的な必然性を考慮に入れる（これは専門家の仕事になるかもしれません）ことができるような活動形態――を発明しなければなりません。これはまさに、必然性とたたかうため、場合によっては必然性の効果を無力化するためにこそ必要なことです。

今日の危機は、フランスにとって、そしておそらくは、ヨーロッパ、また世界各地で、「リベラリズムか野蛮か」という新たな二者択一を拒否しているすべての人々にとって、一つの歴史的チャンスです。国鉄労働者、郵政労働者、教員、公務員、学生、その他、今の運動に能動的ないし受動的に参加している人々は、彼らのデモ、彼らの声明、彼らが巻き起こした論議、そしてマスコミが蓋をして何とかもみ消そうとしている無数の論議をつうじて、まさに根元的な諸問題を提起しているのです。これらの問題はその能力がないのに傲慢不遜なテクノクラートに任せておくにはあまりにも重要な諸問題です。医療、教育、運輸などといった公共サービスの将来を賢明かつ合理的に定義する仕事を――他のヨーロッパ諸国の同じ脅威にさらされている人々と連携しつつ――どのようにして第一の当事者である私たち一人一人の手に取り戻すのか？　グランゼコル[*16]と大学の格差が象徴する高等教育の二層構造が次第に定着しつつありますが、これに反対して、共和制にふさわしい学校制度をどのようにして再創造すべきか？　医療や運輸についても、同じ問題を提起することができます。公共サービス機関で働くすべての人々の身分が不安定なものになりつつあります。その結果、様々な形の従属・服従の関係が強まっています。これは特に、検閲強化が進行するラジオやテレビ、新聞など文化普及の事業体では、また、教育界では、深刻な影響をもたらします。

公共サービスを再創造する仕事においては、知識人、作家、芸術家、研究者等は決定的な役割を担っています。これらの人々はまず、普及の手段に対するテクノクラートによる正統性の独占を打破することに貢献できます。彼らはまた、危機的な状況のなかで持たれる集会に参加するという形だけでなく、より組織的恒常的な形で、社会の将来を方向付ける力を持つ人々、さまざまな団体や労働組合と共に――メディア・政治の世界の正統性を独占する勢力が提起することを禁じている――大きな諸問題について厳密な分析をおこない創造的な提案を練り上げることに寄与することもできます。たとえば、世界経済の統合と、世界的な規模での新たな分業体制がもたらす経済的・社会的効果の問題です。様々な政治的イニシアティヴを犠牲にしてしまう口実に使われている金融市場の強固な法則なるものの問題です。あるいは、情報という資本が決定的な生産力の一つになった経済体制における教育と文化の役割の問題です。

以上のような提唱は抽象的で理論的なものと思われるかもしれません。しかしながら、民衆迎合主義《ポピュリズム》に陥ることなしに、権威主義的なテクノクラシー支配を拒否することは可能です。過去の社会運動はあまりにもしばしばポピュリズムの弊に侵されていました。ポピュリズムに訴えることはまたしてもテクノクラートを利することにしかなりません。

話がへたであったかもしれません。不愉快に思ったり退屈したりした人たちにはお詫びします。いずれにせよ、私が伝えたかったのは、こんにち、社会を変えるためにたたかっている人々への心からの連帯の気持ちです。国内の、あるいは国際的なテクノクラシーに対する有効なたたかいを進めるためには、科学、とりわけ経済学というテクノクラシーの得意とする分野で対決しなければならないと考えるからであります。テクノクラシーが担ぎ回る抽象的で欠損した知識に、人間を尊重する、そして人間が直面している現実を尊重する知識を対峙させなければならないと考えるからであります。

一九九五年一二月　パリ

◆一九九五年一二月のストライキのさなか、パリのリヨン駅での発言。

「グローバリゼーション」神話とヨーロッパ福祉国家

いたるところで、朝から晩まで同じことを繰り返す――支配的な言説はこうして力を持つことになるのですが――いま私たちがのべつ幕なしに聞かされている言説は「ネオ・リベラル思想に対峙させうるものは何もない」「ネオ・リベラル思想は自明的であり、それに対するオールタナティヴはありえない」ということです。ネオ・リベラル思想がこのように当たり前のことになってしまったのは、一貫して象徴的刷り込みがおこなわれたからであって、この作業にはジャーナリスト、あるいは一般市民が受け身的な形で参加しています。そしてまた、一部の知識人が能動的に手を貸しています。隠微かつ執拗に一つのイデオロギーを広め浸透させて人々の信条としてしまう。こうした風潮に対して研究者が果たしうる役割があると私は考えています。研究者はまず、この支配的言説の生産・流通の過程を分析することができます。イギリスやアメリカ、またフランスで、ネオ・リベラリズムの世界観がどのようにして生産・流布され、人々のこころに刷り込まれたかを精確に記述した研究が続々と出ています。研究者たちはネオ・リベラリズムを説く様々な論文、それらが掲載され、次第に権威を持つにいたった雑誌、筆者たちの特性、そうした論説が生産される場となったシンポジウムなどを分析しました。そして、イギリスでもフランスでも（実は、古今東西の保守思想のきわめて古典的な諸前提に経済的合理化の衣装をまとわせているにすぎない世界観である）ネオ・リベラリズムを自明のこととして通用させるための大がかりな作業が知識人、ジャーナリスト、実業家を巻き込んでおこなわれたのであることを明らかにしたのです。たとえば『プルーヴ』という雑誌が果たした役割についての研究があります。アメリカのＣＩＡの資金で発行され、フランスの何人かの著名な知識人が編集顧問になっていた雑誌ですが、二〇年間から二五年間にわたって（ウソがホントになるためにはいささか時間がかかります）、次第次第にホントになっていった考え方を、はじめは時流に逆らって、うまずたゆまず生産していました。(6) イギリスでも同じことがありました。サッチャー主義はサッチャー夫人から生まれたのではありません。大新聞に論壇を持っていた知識人たちが長い時間をかけて作り出したものなのです。(7) 研究者がなしうる貢献の第一歩はこうした研究成果が読みやすい形で多くの人々の手に届くようにすることでしょう。

ずっと前から始められたこの刷り込みの作業はいまも続けられています。マスコミの世界に占めるそれぞれの新聞の位置によるニュアンスの違いはありますが、フランスのすべての新聞に数日間隔でアメリカやイギリスの奇跡的な好景気についての記事が掲載されます。新聞やテレビ・ニュースが手伝っている(おおくは無意識的に。というのは、そうした報道を繰り返す者たちは本気でそうしているからですが)このような象徴的点滴注射は深甚な効果を発揮します。その結果、ネオ・リベラリズムは不可避なものと見なされるにいたるのです。

数々の前提が当たり前のこととして刷り込まれます。最大限の成長、したがって生産性と競争力が人間の活動の唯一最終の目標である、ということになります。経済的な力には抵抗できない、ということになります。さらに、経済のすべての前提を基礎付ける前提として、経済的なもの l'économique と社会的なもの le social がラディカルに切断されます。後者は脇に除けられ、ゴミのように社会学者の足元に棄てられます。さらにもう一つ、重要な前提があります。それは私たちに襲いかかってくる言語表現です。新聞を開きラジオを付けるたびに、私たちが否応なしに読まされ聞かされる婉曲語法です。残念ながらギリシア語で例を挙げることができませんが、皆さん自身、容易に見つけることができることでしょう。フランスでは、いまでは「経営者」le patronat とは言いません。「国の活きた力」les forces vives de la nation と言います。「解雇」le débauchage ではなく、スポーツを連想させる隠喩を使って（力強い身体はひきしまっていないといけません）「減量（低脂肪化）」le dégraissage と言います。二千人の労働者を解雇しようとしている企業について「アルカテル社の大胆な人事計画」le plan social courageux d'Alcatel とコメントされます。含意に富み、好都合な連想をさせる「弾力性」la flexibilité だとか「規制解除」la dérégulation だとかいった用語を使って、ネオ・リベラリズムのメッセージは自由化・解放の普遍主義的なメッセージであると信じ込ませようとするのです。

こうした憶説に対しては、それを分析することによって、それが生産され強制されるメカニズムを理解することによって、自衛手段を講ずる必要があると思います。これは重要なことです。しかし、それだけでは足りません。この憶説に対して、いくつかの実際に確認できる事実を突きつけることができます。フランスでは、国家は社会政策のいくつかの領域を放棄し始めています。その結果、あらゆる種類の悲惨が最貧困層だけでない多くの人々を苦しめています。たとえば、大都市周辺の住宅団地が抱える諸問題は一九七〇年代に実施されたネオ・リベラルな住宅政策（「個人」持ち家政策と呼ばれました）が原因です。この政策は社会的隔離を招来しました。つまり、多くは移民からなる下層プロレタリアートが大集合住宅団地に残り、安定した賃金を得る常雇いの労働者と小ブルジョワジーは小さな戸建て住宅を購入して去っていったのです。しかし、これらの人々も多額のローンを抱え四苦八苦する結果を招いています。このような社会的断絶が政治的施策によって作り出されたのです。[*17]

アメリカでは、国家が二つに分裂する事態が進行しています。みずから保険に入り保証を得ることのできる特権階層のためには、種々の社会的保証を与える国家、その他の民衆のためには、抑圧的な警察国家、というわけです。カリフォルニア州はアメリカでもっとも豊かな州です（一時期、フランスの一部の社会学者〔エドガール・モランやジャン・ボードリヤールら〕によって、あらゆる種類の解放のパラダイスとして喧伝されました）。また、もっとも保守的な州の一つです。このカリフォルニア州にはおそらく世界でもっとも高い評価を受けている大学もあるのですが、この州の刑務所の総予算は、一九九四年以来、州内のすべての大学の総予算を超えています。シカゴのゲットーの黒人たちは国家といえば警察官、裁判官、看守、パロル・オフィサー（仮釈放者の監督担当官）しか知りません。いわば、ロイック・ワカントが述べているように、次第に警察機能だけに縮小された国家という支配階層の夢が実現しているのです。

アメリカで進行中のこと、そしてヨーロッパでも始まりつつあること、それは退化 involution の過程です。フランスやイギリスのように国家がもっとも早く形成された社会での国家の誕生過程を研究すると、まず物理的力の集中と、経済的力の集中があったことが分かります（この二つは同時進行です。戦争をし、治安を維持するためには金が要ります。また、金を徴収するためには警察力が要ります）。それに続いて、文化資本の集中、そして権威の集中が見られました。時代が進むにつれて、国家は自律性を獲得し、社会的経済的な支配勢力から部分的に独立します。国家官僚は支配層の意思を抑制し、解釈し直すことができるようになります。時には政策を提起することができるようになります。

国家の退行過程を観察すると、ネオ・リベラリズムの思想や政治に対する抵抗が強いのは国家的伝統が強い国においてであることが分かります。これは、国家は二つの形で存在するということから説明できます。客観的現実としては、国家は諸規則や省庁のような制度という形で存在します。国家はまた、人々の頭のなかに存在しています。たとえば、住宅政策の財政改革がおこなわれた際、フランスの官僚機構の内部で福祉関係省庁は住宅社会政策を守るために財政省庁とたたかいました。これらの官僚は自分らの省庁、自分らのポジションを守る必要があったわけですが、しかし同時に、自分らの主張を信じてもいた、自分らの信念を守ってもいたのです。どの国においても、ある程度まで、国家は現実のなかに刻された社会的征服の痕跡です。たとえば、労働省は社会的征服が現実と化した機関です（場合によっては弾圧の道具ともなりますが）。さらにまた、国家は労働者の頭のなかにも存在します。主観的法＝権利（「それはおれの権利だ」「そんなことは許されない」）、「既得の社会的権利」への愛着といった形で存在しています。たとえばフランスとイギリスの大きな違いの一つと言えますが、サッチャー化したイギリス人は自分たちは十分に抵抗しなかったということに気づきつつあります。なぜ抵抗できなかったのか？　それは主として労働契約が不文法《コモン・ロー》契約であって、フランスにおけるように国家によって保証された協定ではないからです。皮肉なことですが、ヨーロッパ大陸で英国モデルが大いにもてはやされている今、イギリスの労働者たちは大陸に目を向けています。そして、彼らの労働運動の伝統に欠けているもの、つまり労働法の概念を大陸が教えてくれていることに気づきつつあるのです。

国家というのは両義的な実在です。支配層の掌中にある道具だ、と言ってこと足れりとするわけにはいきません。たしかに国家は完全に中立的な機関ではありません。支配層から完全に独立してはいません。しかし国家は、古ければ古いほど、強ければ強いほど、重要な社会的征服の成果をその機構のなかに組み込んでいればいるほど、それだけますます大きな自律性を持っています。国家は抗争の場です。たとえば財政担当省庁と金食い省庁、つまり社会問題を担当する省庁との間の抗争の場です。国家の退化――つまり、もっぱら弾圧を任務とし、教育や健康、福祉など社会的機能を次第に放棄する刑事国家への退行――に抵抗するために、社会運動は社会政策を担当する者たちの支援を期待することができるのです。長期失業者への支援策を担当する者たちは社会的絆の断裂や失業などを憂慮しています。そして「グローバリゼーション」による制約とか世界におけるフランスの位置とかしか眼中にない財政当局者に対抗しているのです。

「グローバリゼーション」と言いました。これこそはまさしく「神話」です。強力な言説、「観念＝力《イデー・フォルス》」、社会的な力を持ち、信服の対象となる観念です。福祉国家の成果に対するたたかいの主要な武器です。ヨーロッパ諸国の労働者たちはこう聞かされます。あなた方は他の地域の恵まれない労働者たちと張り合わなければならないのですよ、と。ヨーロッパの労働者たちにモデルとして提示されるのは、最低賃金制が存在しない国々、労働者がヨーロッパの賃金の四分の一から一五分の一の賃金で一日一二時間も働く国々、組合のない国々、子どもが働かされる国々です。そのようなモデルを示して、弾力性《フレキシビリテ》を押し付けるのです。フレキシビリテというのはネオ・リベラリズムのもう一つのキーワードです。夜間労働、週末労働、不規則な労働時間などのことです。いずれも、ずっと昔から、経営者の夢のなかに書き込まれている事柄です。一般的に言いますと、ネオ・リベラリズムとは、もっとも古臭い経営者のもっとも古臭い考え方がシックでモダンなメッセージという衣装をまとって復活したものです（アメリカでは、いろいろな雑誌がこれら気概のある経営者たちの名と年収額を彼らが勇を奮って解雇した労働者の数の順にランク付けして載せています）。旧制復古《レストラシオン》を革命《レヴォリュシオン》に見せかけること、これこそは（一九三〇年代ドイツからサッチャー、レーガンにいたるまでの）保守革命《レヴォリュシオン・コンセルヴァトリス》の特徴です。保守革命は今日、新たな形をとっています。かつてのように、太古の農業神話の古臭いテーマである大地と血を歌い上げて、理想化された過去を模範として担ぎ回るようなことはしません。そうではなくて、新しいタイプの保守革命は進歩、理性、科学（つまりは経済学）を根拠に復古を正当化し、進歩的な思想と行動を時代遅れなものと思い込ませようとするのです。それ固有の論理、いわゆる市場法則、つまり強者の論理に支配された経済世界の現実的基準をあらゆる人間活動の規範、つまり理想的ルールとしようとしているのです。新たな保守革命はいわゆる金融市場の支配を承認し歓迎します。最大利潤の法則以外の法を持たないラディカル資本主義への回帰を説いているのです。ブレーキ無し偽装無しの、しかし合理化された資本主義です。ビジネス・マネジメントのような近代的な支配形態とマーケット・リサーチとか広告といった人心操作の技術を導入することによって、その経済的効率性の極限をきわめた資本主義です。

保守革命が人々をだますことができたのは、三〇年代ドイツの保守革命家たちが歌い上げたあの黒い森《シュワルツワルト》の古臭い牧歌とはまったく無縁なものであるかのように見えるからです。今日の保守革命は近代性《モデルニテ》のあらゆる徴候で身を飾っています。シカゴが発祥の地となれば当然かもしれません。かつてガリレイは自然界は数学の言語によって書かれていると言いました。ネオ・リベラリズムのイデオローグたちは経済・社会世界は数学の方程式であると信じ込ませようとしているのです。数学（とマスコミの力）で武装することによってネオ・リベラリズムは、三〇年前から「イデオロギーの終焉」、その後「歴史の終焉」という名のもとに出現しつつあった保守的な社会正当化論《ソシオディセ》の究極的な形態となったのです。

　このように「グローバリゼーション」の神話は復古を、つまり野放しの、しかし合理化された、そしてシニックな資本主義への回帰を受け容れさせることをその役割としているわけですが、この神話を打破するためには事実に立ち返らなければなりません。統計を見ると、ヨーロッパの労働者が直面している競争は主としてヨーロッパ内の競争であることが分かります。私が使用している資料によると、ヨーロッパ諸国の貿易の七〇％は他のヨーロッパ諸国を相手にしています。ヨーロッパ圏外の脅威を強調するのは、主たる危険はヨーロッパ内の競争であることを隠すためです。ソーシャル・ダンピングと呼ばれる現象です。社会保障が整備されていない、低賃金のヨーロッパ諸国はその利点を競争で生かすことができますが、他の諸国の足を引っ張り、対抗上、既得の社会的権利を放棄せざるをえなくします。

この悪循環を脱するためには、進んだ国の労働者は遅れた国の労働者と連携して自分たちの既得の権利を守り、その権利を全ヨーロッパの労働者にゆきわたらせるようにしなければなりません（各国の伝統の違い、とりわけ、国家に対する組合の力と社会保障の財源確保における違いがあるため、これは容易なことではありませんが）。

それだけではありません。ネオ・リベラルな政策がもたらした様々な結果があります。これは誰でもが確認できます。たとえば、イギリスでおこなわれたいくつかの調査によると、サッチャー首相が推進した政策は、ブルーカラー労働者の間だけでなく、小ブルジョワジーの間にも、大きな不安定感、危機意識を生み出しました。同じことがアメリカでも観測されています。不安定で低賃金の仕事が増えているのです（それが失業率を人為的に下げているのです）。突然の解雇の脅威にさらされているアメリカの中流階級は恐るべき不安定感を経験しています（その結果、仕事で大切なのは労働とその対価である賃金だけでなく、仕事が与えてくれる安定感であることを発見しつつあるのです）。どの国においても、恒常雇用の労働者に対して一時雇用の労働者の割合が増大しています。不安定化《プレカリザシオン》と弾力化《フレキシビリザシオン》によって、持続的な雇用や健康保険、年金といった、低賃金の埋め合わせとなりえていたわずかな利権をも失わせることになっています(「何不足ない連中」の特典だ、というわけです)。民営化もまた、集団的既得成果の喪失をもたらしています。フランスの場合ですが、新たに雇用された労働者の四分の三は一時雇用です。恒常雇用になれるのはこの四分の三のうちの四分の一だけと見込まれています。もちろん、新規に雇用されるのは主として若い人たちです。したがって不安定な地位に置かれるのは若い人たちです。フランスの場合については、私たちは『世界の悲惨』[*18]において確認しました。イギリスの場合も同様です。若い人たちの危機意識は頂点に達していて、非行やその他、社会にとってきわめてコストの高い現象が結果しています。

さらにまた今日では、人類のもっとも貴重な文化的成果の経済的・社会的基盤が破壊されつつあります。市場に対する文化生産の世界の自律性は作家や芸術家、科学者のたたかいと犠牲によって増大してきたのですが、それが今、次第に脅かされています。「商業《コメルス》」と「商業的《コメルシアル》」の支配が文学や文芸・芸術批評、映画の上に日々、重くのしかかりつつあります。文学においては、出版業界の集中が進み、即時的利益の追求が至上命令となりつつありまず。批評は出版社のもっとも日和見的な下僕《オポチュニスト》とその仲間たち(皆、持ちつ持たれつの関係なのです）の手に委ねられてしまいました。映画はといえば、前衛的な映画作家に製作の手段、とりわけ配給の手段を与える策を講じなければ、十年後、ヨーロッパの実験的映画の何が残っているか疑問です。社会科学については、言うにも及びません。企業や国家の管理層の直接的な利益を反映した委託研究に従属させられたり、（オポチュニストが媒介する）権力あるいは金力の検閲によって死に瀕しているのです。

グローバリゼーションというのは一義的には正当化を目的とする神話です。しかしそれが現実に進行している部門があります。金融市場です。法的規制の一部が撤廃されたこと、また、電子的コミュニケーション手段が進歩して通信コストが低下したことのお蔭で、単一金融市場（「単一市場」だからといって「均質市場」を意味するわけではありません）が形成されつつあります。この金融市場を支配するのは、いくつかの経済体制、つまりもっとも豊かな国々、特に、その通貨が国際準備通貨として使用されている、したがって、多くの金融市場に自由に介入する力を持った国です。金融市場は一つの界〔仏〕シャン、〔英〕フィールド」であるわけですが、この界のなかで支配層（今の場合、アメリカ）は、大方、ゲームのルールを決めることができるような位置を占めているのです。支配的な位置を占める一部の国を中心に金融市場の単一化が進行した結果、各国の金融市場の自律性が縮小しました。フランスの金融担当者、財政官僚は、必然には従うほかない、と私たちに言いますが、そのとき彼らは、彼らがその必然なるものの共犯者になっていること、そして、彼らを通して、フランスという国民国家が主権を放棄していることを言うのを忘れているのです。

要するにグローバリゼーションは均質化《オモジェネイザシオン》ではありません。少数の支配的な国々による制覇がすべての国の金融市場に拡大することです。その結果、国際的な分業の部分的再編成がおこなわれます。ヨーロッパの労働者がそのとばっちりを食っているわけですが、たとえば資本と製造業が低賃金の国々に移転します。資本の国際市場は各国の資本市場の自律性を縮小させることになります。特に、国民国家が為替レートや金利を操作する可能性を奪います。これらは、少数の国に集中した権力によって決定されるようになります。その他の国々は巨額の資金を持つ筋からの投機的な攻撃を受け、平価切り下げを余儀なくされる危険があります。左翼政権の場合は特にそうです。なぜなら、左翼政権は金融市場から猜疑の目をもって見られるからです(ＩＭＦの目標に忠実でない政策を推進する右派政権はＩＭＦの目標に適った政策を実施する左派政権よりも、敵視されることが少ないのです)。世界的な規模の界《シャン》の構造が構造的な束縛力を発揮するのです。その結果、諸メカニズムが不可避の宿命という外観を帯びることになるのです。一国の政策は金融資本の分布構造（これが世界経済の界の構造を定義します）においてその国が占める位置によって大きく決定されます。

こうしたメカニズムを前にして、私たちに何ができるでしょうか？　まず、経済理論が唯唯《いい》として受け容れている暗黙の限界について考えてみる必要があると思います。経済理論はある政策のコストを評価するとき社会的費用《ソーシャル・コスト》と呼ばれているものを考慮に入れません。一例を挙げます。一九七〇年にジスカール＝デスタン蔵相が決めた住宅政策は長期的な社会的費用を伴っていたのですが、それはそれとして見られることはありませんでした。社会学者を除いて、一体誰が、二十年後に、その政策を思い出すでしょうか？　誰が、一九九〇年にリヨン郊外で起こった暴動を一九七〇年の政策決定と結び付けるでしょうか？　犯罪は忘れられれば罰せられません。批判的社会勢力はこぞって経済的決定の社会的費用を経済的計算のなかに含めるよう声を大にして要求しなければならないと思います。この、また は、あの政策は、長期的に見て、解雇や苦悩や病気、自殺、アルコール依存症、麻薬使用、家庭内暴力などといった形での社会的出費を引き起こすのか、を問わなければなりません。

これらはいずれも、金ばかりか苦しみの量においても非常に高くつく出費です。シニカルに見えるかもしれませんが、支配的な経済学にそれ自身の刃を返して言い渡さなければならないと思います。本当の意味での自分の利益を考えるのなら、厳密に経済的な政策は――人間と財の安全とか、したがって治安維持のコストとかを考慮すれば――必ずしも経済的でないのだ、と。もっとはっきり言えばこういうことです。生産や正義あるいは健康、費用《コスト》や利潤、すべてを個人化してしまう経済理論の見方を根底的に問い直さなければなりません。経済学は効率を狭く抽象的に定義し、暗黙のうちに会計的な収益性と同一視しています。しかし、効率はもちろんそれを計る際に基準とされる目標に依存します。この目標は株主と投資家にとっては収益性であるのが実情でしょうが、しかしまた、顧客と利用者の満足、もっと広く、生産者と消費者、そしてやがては最大多数の満足と幸福でもありうるのです。経済理論はこのことを忘れています。視野の狭い近視眼的な経済学に対して、幸福の経済学〔仏 économie du bonheur〔英〕economics of happiness〕を提起しなければなりません。労働によってもたらされる個人的・集団的な、物質的・象徴的なすべての利潤（たとえば安全）を考慮に入れるような経済学です。また、失業や不安定な仕事によってもたらされる物質的・象徴的なすべての費用《コスト》を考慮に入れるような経済学です（たとえば薬品の消費です。フランスは精神安定剤の消費では世界一です）。暴力保存の法則を免れることはできません。すべての暴力はその代価を払わなければなりません。金融市場が解雇とか一時雇用とかいう形で行使した構造的暴力は、遅かれ早かれ、自殺、非行、犯罪、麻薬常用、アルコール依存症、大小の日常的暴力という形で報いられるのです。

現状においては、知識人や組合、市民団体の批判的なたたかいは、まず第一に、国家の消滅に反対することに向けられなければなりません。国民国家は今、外からは金融勢力によって、内からはそれら金融勢力の共犯者たち、すなわち金融業界、高級財務官僚などによって、その土台を掘り崩されています。被支配層は国家を、特にその社会福祉的側面を、擁護しなければならない、と私は考えています。この意味での国家擁護はナショナリズムに発するものではありません。国民国家とたたかうことはありえます。しかし、国民国家が果たしている「普遍的な」機能――そして、超民族国家もまた同じく果たしうるであろうような「普遍的な」機能――は擁護しなければなりません。ドイツ連邦銀行が金利の操作をつうじて様々な国の財政政策を左右するという事態を望まないのならば、超民族的な国家の建設のためにたたかわなければならないのではないでしょうか？　国際金融経済勢力と国内政治勢力から相対的に自律した、そしてＥＵ連合の諸機関の社会政策的機能を強化することができるような超民族国家の建設です。一例を挙げますが、労働時間の短縮をめざす政策は、ＥＵによって採択されヨーロッパのすべての国において施行されるのでなければ、十分な成果を挙げることはできないでしょう。

歴史的には、国家は合理化を推し進める力でした。それが支配勢力に奉仕する機関とされてしまったのです。ブリュッセルのＥＵ委員会のテクノクラートを非難するだけでは、こうした事態を避けることはできません。少なくともヨーロッパという地域規模で、新しいインターナショナリズムを創り出さなければなりません。危機に乗じてヨーロッパ各国を多かれ少なかれ脅かしているナショナリズムへの退行に対するオールタナティヴになりうるようなインターナショナリズムです。金融市場勢力を規制することができるような、また、ドイツの人々が発明したすばらしい表現ですが、Regressionsverbot〔逆行禁止〕、つまりヨーロッパ諸国での社会的既得成果の面での後退の禁止を掲げることができるような機関を作らなければなりません。そのためには、労働組合がヨーロッパ的規模で行動することが絶対に不可欠です。労働組合がたたかっている相手方はまさに、この超国家的規模で行動しているのですから。ネオ・リベラリズムと真の意味で対決しうる真の批判的インターナショナリズムの組織的基盤を創り出さなければなりません。

最後の問題です。これまで述べてきた状況のなかで知識人はなぜ曖昧な態度を持し続けているのでしょうか？　知識人がいかに体制に屈服しているか、それどころか、いかに加担しているかを長々しく語ることはしません。きりがなくなりますし、気の毒な気もしますので。モダンとかポストモダンとか言われている哲学者たちの間の論争に触れるにとどめます。スコラ的な遊戯に忙しく、ただ成り行きを傍観している場合はともかく、発言してもせいぜい、理性と理性的対話を口先で擁護するだけです。それだけならまだしも、体系的な著述を弾劾し科学をニヒリステックに糾弾しつつ、あのイデオロギーの終焉というイデオロギーのポストモダン版、実は「ラディカルシック」[*19]版を担ぎ回っているだけなのです。

実は、ネオ・リベラリズムのイデオロギーの力はある種のネオ社会ダーウィニズムに依拠している点にあります。ハーバード大学で使われる表現を使って言えば、勝利するのは「ザ・ブライテスト・アンド・ザ・ベスト」（いちばん頭の良い、いちばん優秀な者たち）だというわけです（ノーベル経済学賞の受賞者ベッカーは、ダーウィニズムは経済主体が備えている合理的計算能力の土台であるという説を展開しました）。支配階層のインターナショナルの世界観の背後には一つの能力哲学が隠されているのです。この哲学によると、統治するのは、仕事があるのは、もっとも能力のある者、したがって、仕事がないのは能力のない者、ということになります。「ウイナーズ」（勝ち組）と「ルーザー」（負け組）がいるということです。私が「国家貴族」と呼んでいる貴族が存在するのです。つまり、中世的な意味での貴族のあらゆる属性を持った、そして教育のお蔭で、つまり彼らに言わせると、天から授かった知能のお蔭で権威を持つにいたった者たちです。天与の知能と言いますが、これは、私たちが知っているとおり、実は社会によって分配されているものなのです。知能の不平等は社会的不平等なのです。知能のイデオロギーは主人と奴隷の対立に似た対立を正当化するのに大いに役立ちます。完全な権利を持った市民がいます。彼らは稀少で高価な能力と仕事を持っています。自分の雇用者を自ら選ぶことができます（他の者たちはせいぜい、雇用者によって選ばれることができるだけです）。国際労働市場で高収入を獲得することができます。男女ともに「超」多忙な身分です（私は最近、イギリスの「モーレッツ」管理職カップルに関する興味深い研究を読みました。ジェット機で世界中を飛び回り、目の回るような高額の所得があるけれども、命が四つあっても使い切れまい、というのです）。そうした者たちがいる一方で、他方には、不安定な職、あるいは失業を余儀なくされている多くの大衆がいる、という構図です。

支配階層は常に「彼らの特権の神義論《テオディツェー》を必要とする」とマクス・ヴェーバーは述べています。自分たちが特権的な存在であるという事実を理論的に正当化するということですから「社会正当化論《ソシオディセ》」という方がよいかもしれません。能力を中核とする社会正当化論が今日、支配階層に受け容れられているのは、彼らの利益に適ったことですから、当然ですが、他の者たちによっても受け容れられているのです。(8) 労働から排除されている人々の苦しみのなかには、長期の失業者たちの悲惨のなかには、過去にあったもの以上のものが含まれています。米英のイデオロギーは常にいささか説教臭いところがありますから、貧しい人々を不道徳な貧民（undeserving poor）と有徳の貧民（deserving poor）に分けます。後者は慈善に値する者たちだというわけです。こうした倫理を基準とする正当化に、知能を基準とする正当化が加えられる、あるいは、置き換えられることになったのです。貧しい者たちは不道徳、アル中、堕落しているだけでなく、愚かだ、知能が低い、ということになったのです。社会的苦しみの主要な部分は学校との、教育制度との関係の悲惨から生じているのです。教育システムに対する関係こそ、人々の社会的運命を決めているだけでなく、人々が自分の運命について持つイメージを決めているのです（こうした要因はいわゆる被支配層の受動性とか被支配層を動員することの困難さとかを説明するのに役立つことでしょう）。プラトンは現代のテクノクラートのそれに近い社会観の持ち主でした。国家はまず哲学者、次いで防人《ガルディアン》、そして民衆によって構成されるというのです。この哲学は学校教育制度のなかに暗黙の状態で書き込まれています。それは、きわめて強い力を持っていて、人々の心の内に深く根を下ろしています。なぜ、参加《アンガジェ》知識人が「脱参加《デザンガジェ》」知識人になってしまったのでしょうか？　それは部分的には、知識人が文化資本の所有者であり、たとえ支配層のなかの被支配層であっても、支配層に属しているからなのです。それこそが、彼らの両義性、闘争への参加の曖昧さの原因の一つです。あまり自覚してはいないのですが、彼らも能力主義のイデオロギーに染まっているのです。彼らが立ち上がるのは、一九三三年のドイツ[*20]の知識人の場合と同じく、学位によって保証された彼らの能力からすれば受けて当然の処遇を受けていないと考えたからなのです。

一九九六年一〇月　アテネ

◆一九九六年一〇月、ギリシア労働者総同盟での発言。

ティートマイヤー的思考

私はこのシンポジウムに花を添えるために参加しているのではありません。社会的統合の断裂した絆を結び直すことが文化に求められているというわけですが、この断裂はある政策の、ある経済政策の直接的な結果です。社会学者は経済学者が壊した壺を直すことを期待されることがよくあります。そこで、いわゆる対症療法を提案して済ませるのではなく、まさに医師自身が病気の亢進を助長しているのだ、という問題提起をしようと思います。じっさい、私たちが憂えている社会的「疾患」は、かなりの程度まで、治療されているはずの患者に加えられる（しばしば乱暴な）治療そのものによって生み出されているものであるからです。

ここに来る途中、アテネからチューリッヒまでの機中でドイツ連邦銀行総裁であるハンス・ティートマイヤー氏のインタビューを読みました。一九九六年一〇月一七日付けの『ル・モンド』に全文が載っていますが、ティートマイヤー氏はそのものずばり「ドイツ・マルクの大祭司」と紹介されています。ここフライブルク大学は文献解釈学の伝統で名高い大学ですから、私もこのインタビューの解釈学的な分析を試みてみようと思います。

「ドイツ・マルクの大司祭」殿はこうのたまっています。「持続的な成長の条件と投資家の信頼を作りだすことが今日の重要な課題です。したがって公共支出を抑制する必要があります。」つまり（すこし先では言いたいことをもっとはっきりと述べていますが）福祉国家を、とりわけこの福祉国家が実施する、金のかかる社会政策・文化政策を一刻も早く葬り去らなければならない、そして、みずから文化投資を担うことを望んでいるであろう投資家たちを安心させなければならない、ということなのです。これら投資家のみなさんはきっとロマン派の音楽と印象派の絵が好きな人たちだと思います。ドイツ連銀総裁のご趣味について、私は何も知りませんが、きっと、フランス国立銀行総裁のトリシェ氏と同じように、暇なときには詩を読んだり、メセナ活動をしたりすることでしょう。ティートマイヤー氏は続けています。「したがって公共支出を抑制する必要があります。税を長期的に見て受け容れうるレベルまで下げる必要があります。」これはつまり、投資家の税金を長期的に見て彼らが耐えうるレベルまで下げなければならない、嫌気がさした彼らが他の地域に投資を移転してしまうことにならないように、ということです。さらに氏は続けています。「社会保障制度を改革する必要があります。」つまり、福祉国家とその社会保障政策は葬り去らなければならない、こうした政策は投資家の信頼を失い、もっともな不信感を招くことになる、なぜなら彼らは、彼らの経済的既得権益《アキ・エコノミック》（社会的既得権益《アキ・ソシオー》という言葉があるのですから経済的既得権益と言うこともできるでしょう）、つまり彼らの資本は、労働者たちの社会的既得権益とは相容れないと確信しているのだから、そしてまた、これらの経済的既得権益は、何としても、たとえ来るべきヨーロッパの大多数の市民（フランスでは一九九五年一二月のストライキの際には、この人々は「飽食の連中」、「特権的な連中」と指を差されたものでした）の僅かな経済的・文化的既得権益を犠牲にしてでも、守られなければならないと確信しているのだから、ということです。

投資家の社会的既得権益、つまり彼らの経済的既得権益は社会保障制度が持続すれば維持できない、とティートマイヤー氏は確信しているのです。そこで、この制度を緊急に改革しなければならない、投資家の経済的既得権益はこれ以上待つことはできないのだから、というのです。私は少しも誇張していません。そのことを証明するために、ドイツ観念論の偉大な系譜に連なる高尚な思想家、ティートマイヤー氏の言葉を再び引用することにします。「したがって公共支出を抑制する必要があります。税を長期的に見て受け容れうるレベルまで下げる必要があります。社会保障制度を改革する必要があります。労働市場の硬直性を打破する必要があります。私たちが（この「私たちが」には恐れ入りました）労働市場の弾力化に努力することによってはじめて成長の新たな段階に到達できるのです。」どうです、みなさん。極め付きの言葉が発せられました。ドイツ観念論の偉大な伝統を受け継ぐティートマイヤー氏は、金融市場でいま流行している婉曲修辞法の見事な実例を示してくれました。婉曲語法は投資家の信頼（お分かりのとおり、これこそは経済体制全体のアルファ・オメガであり、将来のヨーロッパの土台かつ究極的目標、目的因《テロス》なのです）を長期的に維持するためには不可欠のものです。と同時に、婉曲語法は労働者の不信あるいは絶望を招かないようにするためにも不可欠なものです。成長の新たな段階を手に入れるためには、とにかく目の前にこの成長という人参をちらつかせて労働者の気を惹き、彼らに新たな努力をさせることが不可欠であるからです。たしかに、婉曲語法の名うての使い手であるティートマイヤー氏は「労働市場の硬直性を打破する必要があります。私たちが労働市場の弾力化に努力することによってはじめて成長の新たな段階に到達できるのです」と言ってはいますが、この努力を彼はまさに労働者に期待しているのですから。まことに見事なレトリックです。その真意はこういうことです。労働者諸君、がんばれ！　みんな一緒に、諸君に求められている努力をしよう！

　何事もなかったかのように、ユーロの対外平価、ユーロとドルおよび円との関係について淡々と質問を続ける代わりに、『ル・モンド』の記者は「労働市場の硬直性」と「労働市場の弾力性」という投資家言語のキーワードにティートマイヤー氏がどんな意味を付与しているのかを問うこともできたでしょう（しかしこの記者もまた、彼の新聞の読者であり大広告主である投資家のご機嫌は損じたくないのです）。『ル・モンド』のような議論の余地なく真面目な新聞を労働者たちが仮に読んだとしたら、彼らは直ちにその意味を理解することでしょう。夜間労働、週末労働、不規則な勤務体制、プレッシャーの増大、ストレス、などなどのことだ、と。お気付きのとおり、この「労働市場の」はいくつかの語に付けることができる枕詞のような働きをしています。そこで、ティートマイヤー式言語の弾力性を測るために、たとえば金融市場の硬直性とか弾力性と言って試してみることもできます。ティートマイヤー氏の常套語法からすると、この使い方は奇妙な感じを与えます。ということはつまり、氏の頭のなかでは「金融市場の硬直性を打破する」とか「金融市場の弾力化に努力する」ことは問題になりえない、ということになります。ということはまた、ティートマイヤー氏が言う「私たちが努力することによってはじめて」の「私たち」が予想させるのとは逆に、この弾力化の努力が求められているのは労働者たちである、労働者たちだけである、ということです。そしてまた、「私たちが労働市場の弾力化に努力することによってはじめて成長の新たな段階に到達できるのです」という文に含まれている脅迫に近い威圧が向けられている対象はやはり労働者たちなのだ、ということです。はっきり言えばこういうことです。投資家たちの信頼を損なうことがないように、それが明日私たちにもたらしてくれるであろう成長のことを考えて、君たちの社会的既得権益を今日のいま、捨てなさい。この論理は、かつてド・ゴール主義から「参加」政策を提案された労働者たちがよく知っていた論理です。彼らは「参加」政策を要約して「それは〈お前はお前の時計をおれにくれ。そしたらおれはお前に時間を教えてやるよ〉というのと同じだ」と喝破したのでした。

以上のようなコメントを加えた後で、ティートマイヤー氏の言葉をもう一度引用します。「持続的な成長の条件と投資家の信頼を作りだすことが今日の重要な課題です。したがって（この「したがって」に注目してください）公共支出を抑制する必要があります。税を長期的に見て受け容れうるレベルまで下げる必要があります。社会保障制度を改革する必要があります。労働市場の硬直性を打破する必要があります。私たちが労働市場の弾力化に努力することによってはじめて成長の新たな段階に到達できるのです。」このような途方もない、呆れ果てるような言説が特に人目も引かず、日刊紙のその日限りの記事のはかない運命を辿ることになるのも、それが私たち日刊紙読者の圧倒的多数の「期待の地平《ホライズン・オブ・エクスペクテーション》」に完全にマッチしているからこそです。そこから、このように広くゆきわたっている「期待の地平」はいかにして作り出され、いかにして広まっていったのか、という問題が提起されてきます（私は〔ヤウスらの〕受容理論の信奉者ではないのですが、この理論に最低限付け加えるべきなのは、「期待の地平」はどこから来るのか、という問いかけでしょう）。この「地平」

は社会的な、いや政治的な作業の所産です。ティートマイヤー氏が使う語がこんなにも容易に受け容れられるのは、それがどこでも通用しているからです。どこにでもあり、誰もが口にし、通貨のように流通しています。誰もが躊躇することなく受け容れています。まるで安定した強い通貨であるかのように。ドイツ・マルクのように安定した、ドイツ・マルクのように頼りがいのある、信頼に、信用に値する通貨であるかのように。「持続的な成長」「投資家の信頼」「公共支出」「社会保障制度」「硬直性」「労働市場」「弾力性」。まだあります。「グローバリゼーション」(やはり飛行機のなかで読んでいた別の新聞によると、フランスのシェフたちは「グローバリゼーション」をフランス料理にとっての脅威と見なしているそうです)。まだまだあります。「規制緩和」「レート切り下げ」(何のレートなのかも言わずに使います)「競争力」「生産性」などなど。

経済学めかしたこの種の言説がその発信者たちの狭い範囲を越えて流通するようになったのは、多くの人々、政治家やジャーナリスト、そして一般の市民の協力があったからこそです。通俗経済学の見当はずれな用語の氾濫に手を貸すことができる程度には経済学を囓った人々です。マスコミがこうした用語を垂れ流すことがどんな効果を生むか、それはジャーナリストのインタビューの進め方そのものがよく示しています。彼はティートマイヤー氏と完全に波長が合っています。質問する前に氏の回答が彼の身体に染み通っていますから、自分の質問に自分で答えることもできたでしょう。このような受動的共犯関係をつうじて、いわゆるネオ・リベラルな、実際は保守的な世界観が次第に広まっていったのです。生産力——個々の生産者の競争意志による以外なんら規制されることのない生産力——の優位を前提とする歴史的不可避性に対する一時代前の信仰が土台になっている世界観です。とすれば、私と同世代の実に多くの人々がマルクス主義的宿命論からネオ・リベラリズム的宿命論に難なく移行していったのは偶然ではないでしょう。いずれの場合も、経済主義が——政治を排除することによって——また、最大限の成長、競争力、生産性といった問い直しを許さない一連の目標を強制することによって、責任の所在を曖昧にし動員を不可能にします。ドイツ連邦銀行総裁を思想の師と仰ぐことはそのような哲学を受け容れることです。驚くべきことは、この宿命論的なメッセージが解放のメッセージであるかのごとく装われていることです。自由、解放、脱規制などといった用語、あれこれの婉曲語法を巧みに利用することによって。また、たとえば「改革」というような語を曖昧に使い分けることによって。こうしてすべての保守革命の論理に従って、復古が革命に転化させられるのです。

最後にもう一度、ティートマイヤー氏の言説のキーワードに立ち戻りましょう。「投資家の信頼」――この言葉のメリットはすべての政権が直面している歴史的選択を白日の下にさらしていることにあります。投資家の信頼と人民の信頼、どちらかを選ばなければなりません。投資家の信頼を維持することを目的とする政治は人民の信頼を失うおそれがあります。政治家に対する態度についての最近の世論調査によりますと、被調査者の三分の二が政治家はフランス国民が考えていることに耳を傾けることができないと非難しています。この非難は特に極右政党の国民戦線（FN）支持者のあいだで顕著でした。国民戦線の伸張を慨嘆する論評は多いのですが、一刻たりともFNとIMFを結び付けて考えようとする者は誰もいません（この政治家不信は一八歳から三四歳の年齢層、ブルー・カラーおよび下層ホワイトカラー、共産党と国民戦線の支持者に特に顕著です。また、すべての政党の支持者のあいだでも比較的高率ですが、社会党支持者のなかでは六四%に達しています。これもまた、国民戦線の伸張と無関係ではありません）。なんとしても護らねばならない金融市場の信頼と市民の不信を関連させて考えれば、病根はどこにあるかが見えてくるでしょう。いくつかの例外はありますが、経済学は経済的なもの《レコノミック》と社会的なもの《ル・ソシアル》の（まったく不当な）切断（これが経済主義《レコノミスム》の定義です）の上に成り立つ抽象的な科学です。この切断こそ「経済の秩序と安定」（ティートマイヤー氏が敬虔なる大祭司として仕える新たな絶対者）の維持のみを目的とする政治の挫折の原因です。この挫折は、一部の者たちの政治的盲目がもたらした挫折、そして私たち全員がその代価を支払っている挫折なのです。

一九九六年一〇月　フライブルク

◆一九九六年一〇月、ドイツ・フライブルク大学で開かれた独仏文化シンポジウム『文化問題としての社会統合』での発言。

社会科学者、経済学と社会運動

一九九五年一二月の社会運動〔訳者解説参照〕はその規模、そして特にそれが掲げた目標によって画期的な運動でした。この運動がフランス国民の広範な層から、また国際的にも、重要な意義を持つと見なされたのは、それが社会闘争のなかにまったく新しい目標を導入したからでした。ラフなスケッチという形でしたが、九五年一二月の運動は一つの社会プランを提起しました。集団的に主張されたプランです。支配的な政治が――いま、政治の世界で、またメディアの世界で権力を握っている保守革命の担い手たちが――強制するプランに対抗しうるプランです。

今日のシンポジウムのような社会運動の総結集《エタ・ジェネロー》という場に社会科学の研究者がどんな

寄与ができるかを考えました。そして、保守革命のまさに文化的・イデオロギー的次元を暴くために研究者の参加が必要なのだと確信するに至りました。一二月の運動が広く支持されたのは、それが社会的既得権益《アキ・ソシオー》の擁護と見なされたからです。特定の社会カテゴリーの社会的既得権益ではありません（ある社会カテゴリーが運動の尖兵となりましたが、それは彼らがもっとも厳しい攻撃にさらされていたからです）。社会全体の、それのみかいくつもの社会の既得権益です。それは、労働、公教育、公共輸送機関、すべて公共的なものに関わる既得権益です。したがってまた国家に関わる既得権益です。断っておきますが、一部の者たちが私たちに信じ込ませようとしていることとは逆に、国家は必ずしも古臭い時代遅れの制度ではありません。

この運動がフランスで起こったのは偶然ではありません。歴史的な理由があります。しかし観察者が驚くであろうことは、運動がリレーされて継続していることです。まずはフランスで、多様な形で、また思いもかけない形で（長距離トラック運転手たちの運動、誰があれをあの成り行きで予想したでしょうか？）。またヨーロッパで。いままさにスペインで。ギリシアでは数年前に。ドイツでの運動はフランスの運動に触発され、フランスの運動との近親関係をはっきりと標榜しています。韓国の運動。これは象徴的・実践的理由からもっと大きな意味を持っています。この連鎖的な闘争は理論的な統一、とりわけ実践的な統一を模索しているように思います。フランスの運動はネオ・リベラリズムと新たな保守革命に対する世界的な規模の闘争の前衛と見なすことができますが、この闘争においては象徴的な次元がきわめて重要です。ところが、進歩的運動のすべてに共通する弱点の一つはこの次元の重要性を過小評価してきたことであり、この戦線でたたかうために有効な武器を必ずしも常に作り上げてこなかったことにあると、私は考えています。社会運動側は相手方に比べると幾たびも象徴革命に乗り遅れてしまっています。敵はいまやメディア・コンサルタントだとかパブリック・リレーション・コンサルタントなどなどを使いこなしているのです。

保守革命はネオ・リベラリズムを標榜しています。そうすることによって科学の衣をまとい、理論として力をふるうことを狙っているのです。多くの理論（マルクス主義理論を含めて）の理論的・実践的誤りの一つは理論が持つ力を考慮に入れることを忘れていたことです。私たちはもうこの過ちを犯してはいけません。私たちは理論で武装した敵を相手にしているのです。知的・文化的武器を持って彼らとたたかわなければならないと思います。このたたかいを進めるに際して、分業の観点からしてよりよく武装している者たちがいます。それがその者たちの仕事だからです。彼らのうちには戦闘準備の整った者がいます。この人々は何をもたらすことができるでしょうか？　まずは、ある種の権威《オートリテ》です。昨年〔一九九五年〕の一二月、政府を支持した者たちはどんな呼ばれ方をしましたか？　「専門家」experts です。しかし実際は、彼らすべてを合わせても一人の経済学者の学識さえない集団なのです。こうした権威効果に対しては権威効果をもって対抗しなければなりません。

しかし、それだけではありません。社会運動の上に、そして労働者の意識の底にまで作用する学問的権威の力は大きいものがあります。それは人々の志気を失わせてしまいます。そうした力を持つ理由の一つは、学問的権威を持つ者たちの意見が互いに一致しているように見える点にあります（一般にコンセンサスは真理の徴候です）。もう一つの理由は、この権威が今日もっとも強力と思われている思考の道具、特に数学を基礎にしている点にあります。支配的イデオロギーと言われているものの役割は今日、数学のある種の利用によって担われています（このように言うのは誇張しすぎかもしれませんが、それは、合理化、つまり、正当化できない事柄を正当化する理由を提供する作業は今日、数理経済学のなかにきわめて強力な道具を見出していることに注意を喚起したいためです）。単に保守的であるにすぎない思想に純粋理性の衣装をまとわせようとするこのイデオロギーには、理由、論拠、反論、証明をもって対抗しなければなりません。つまり、科学的作業が必要です。

ネオ・リベラル思想の強みの一つは、一種の「存在の大きな鎖」であることです。神学の古いメタファーですが、鎖の一方の端に神がいて、鎖の環を一つずつ降りて行くと、もっとも低級な存在に辿り着くというわけです。ネオ・リベラリズムの世界では一番上の神の座には数学者が鎮座しています。一番下は雑誌『エスプリ』[*21]のイデオローグです。経済学を知ってはいないのですが、ちょっと専門用語を使ったりして精通しているように見せかけているのです。この強力な存在の鎖は権威効果を発揮します。社会運動の活動家のあいだにも、迷いを生じさせます。理論の力といっても本質的には社会的な力なのですが、それがこの迷いを生み出し、他方で、フランス国立銀行のトリシェ総裁やドイツ連邦銀行のティートマイヤー総裁の言葉に、またあれこれのエッセイストの言葉に権威を与えるのです。論証の連鎖ではありません。数学者から銀行の総裁へ、銀行の総裁からジャーナリスト的哲学者、つまりエッセイストへ、そしてエッセイストからジャーナリストへとつながる権威の鎖なのです。それはまた、金が、そしてさまざまな経済的・社会的利得、外国からの招待、尊敬などが循環するチャンネルでもあります。私たち社会学者は、個人攻撃をするのではなく、こうしたネットワークの仕組みを分解し、思想の循環は権力の循環に裏打ちされていることを示すことができます。権力的な地位と引き替えにイデオロギー面でのサービスを提供する人々がいるのです。いろいろな実例を挙げるべきかもしれませんが、あの「専門家のアッピール」の署名者のリストを注意深く読めば十分です。実際、興味深いことに、普段はそれぞれ孤独に仕事をしている人々(テレビのまやかしの討論番組に連れだって出演することはありますが)のあいだの、いろいろな財団や団体、雑誌などのあいだの隠れた関係が白日の下に晒されていますから。[*22]

この人々は集団で、異口同音に、宿命論的な言説を吐きます。経済的傾向性を運命に変えてしまうのです。しかしながら、社会法則、経済法則というものは、われわれが、それらが作用するに任せるその限りにおいて効果を発揮するのです。保守的な人々が自由放任《レッセ・フェール》を推奨するのは、一般にこれら傾向法則は保守するものであるから、また、保守するためにレッセ・フェールを必要とするものだからです。特に、私たちが耳にたこができるほど聞かされる金融市場の傾向法則はまさに、現実化するためにはレッセ・フェールを必要とする保守法則そのものなのです。

もっと詳しく展開し、論証しなければならないでしょう。特に、精緻な議論をする必要があるでしょう。単純化しすぎている面があることをお詫びします。しかし、社会運動というものは存在しているということに甘んずることもできるのです。なぜなら、社会運動は存在しているだけではた迷惑なものですし、誰もその存在を正当化せよとは言いません。ところが、知識人が社会運動に参画しますと、すぐに「いったい、何を提案するつもりなのか?」と訊かれます。しかし、綱領《プログラム》の罠にはまってはいけません。綱領のためなら、政党やその機関がいくらでもあります。私たちにできること、それは、対抗的な綱領をつくることでなく、研究者や活動家、活動家の代表を結集した学際的かつ国際的な集団的研究機構をつくることです。社会科学の研究者はそこで明確な役割を与えられるでしょう。それが彼らの仕事なのですから、研究者は活動家たちと連携してワーキング・グループやセミナーに参加することによって特にその力を発揮することでしょう。

ということはすなわち、他のいくつかの役割を果たすことは問題外ということです。社会科学者は同伴者知識人《コンパニオン・ド・ルート》ではありません。つまり、アッピールに署名するだけの、利用し終わったらすぐにお払い箱の人質かつ保証人、操り人形かつアリバイといった存在ではないのです。社会科学者はまた、ジュダノフ的党官僚ではありません。つまり、学問の世界で振うことができない一見知的な権力を社会運動のなかで行使しようとする者ではないのです。さらに社会科学者はお説教を垂れにやってくる専門家ではありません。たとえ、反専門家的専門家であっても。そして社会科学者は社会運動について、その将来についてのあらゆる質問に答える予言者ではありません。社会科学者は、たとえばこのシンポジウムのような集まりの役割を定義することを援助することができる者たちです。あるいは、ここにいる人々がここにいるのは、代弁者、スポークスマンとしてではないこと、そうではなくて、スローガンや行動綱領、党派的習慣はクロークに置いて、自分のアイデア、自分の論理を持って、討論と研究の場にやって来た市民としてであることを想起させることができる者たちです。これは必ずしも容易なことではありません。運動が陥りがちな党派的習慣としては、委員会をつくったりとか、実は予め根回しされていることが多い決議案とかがあります。社会学は集団というのはどのように機能するか、そして集団の機能法則の弊害を避けるためにはその法則をいかに利用すべきかを教えることができます。

研究者と活動家のあいだのコミュニケーションの新しい形態、彼らのあいだの新しい分業を創り出す必要があります。社会学者がおそらく誰よりもよく果たしうる任務はマスコミの集中砲撃に対するたたかいです。私たちは皆、朝から晩まで、出来合いの言葉を聞かされています。ラジオのスイッチを入れれば、すぐ「地球村」だ「グローバリゼーション」だといった言葉が耳に飛び込んできます。何でもないような言葉ですが、こうした言葉をとおして、宿命論的気分や隷従を生み出す哲学、世界観が広まっていくのです。こうした言葉を批判することによってマスコミの集中砲撃を防ぐことができます。一般の市民が、権威効果とたたかい、決定的に重要な役割を果たしているテレビの影響力とたたかうための、固有の抵抗手段で武装するのを援助するのです。今日では、テレビと共にたたかい、テレビに抗してたたかう固有の戦略がなければ、社会闘争を進めることはできません。パトリック・シャンパーニュの『世論をつくる』(9)は政治闘争の活動家の教科書となるべき本です。この政治闘争ではメディア知識人に対するたたかいは重要です。私は別に彼らによって安眠を妨げられはしませんし、物を書くときに彼らのことを考えることはありません。しかし彼らは政治的観点からするときわめて重要な役割を担っているのです。彼らの影響を阻止するために一定の数の研究者が時間とエネルギーの一部を割いてたたかうことを引き受けて欲しいと思います。

もう一つ課題があります。象徴的行動の新しい形態を創り出す必要があります。この面では、いくつか歴史的例外はありますが、社会運動は遅れていると思います。パトリック・シャンパーニュがその本のなかで明らかにしていることですが、大規模なデモが、ごく少数しか参加しないデモよりも新聞やテレビでの扱いが小さいことがあります。大きく扱われるのは、小規模ではあってもジャーナリストの関心を惹くようなやり方で組織されているからです。ジャーナリストを敵にしようというのではありません。彼らもまた、職の不安定化《プレカリザシオン》からくるさまざまな制約を受けているのです。文化的生産のすべての職場で不安定な状況がさまざまな検閲効果を生み出しています。とはいえ、私たちが言うことと為すことの少なからぬ部分がジャーナリストがそれについて何を言うかによって篩いにかけられる、つまり、しばしばゼロになってしまうことがある、ということを知っている必要があります。私たちが今ここで為すことについても同じことです。今ここで取材しているジャーナリストはこの私の指摘は記事のなかでは伝えないでしょう。

最後になりますが、一つ大切なことは反省的《レフレクシフ》であることです。大げさな言葉ですが、出まかせで使っているのではありません。私たちが目標としているのは、答えを創ることだけではなく、答えを創る仕方を創ることでもあります。つまり、異議申し立てを組織する新しい仕方、行動を組織する新しい仕方を創ることです。私たち社会科学者の夢は、私たちの研究が（今日しばしばそうであるように、ジャーナリストや敵意を持った評論家によって途中で奪い取られ歪められて無駄になってしまうのではなく）社会運動に役立つことです。「レーゾン・ダジール」[*23]のようなグループの形で、最先端の研究成果を活動家に伝達できるような新しい表現形態を創っていきたいと願っています。しかしそれはまた、研究者が言語と心構えを変えることを前提にしています。

もう一度社会運動に戻りますが、はじめに述べたように、ネオ・リベラル帝国主義に対するたたかいが大きなウエーヴ、波のように伝播していっています（ベルギーの学生と教員のストライキやイタリアのストライキにも触れるべきでした）。しかしこれらのたたかいは多くの場合お互いを知りません（また、一部の原理主義運動のように必ずしも常に共感できないものもあります）。最低限、国際的情報を統一し伝達する必要があります。ソビエト帝国主義によってハイジャックされてしまったインターナショナリズムを再び創り出さなければなりません。つまり、戦闘がおこなわれるはずのレベルに位置しうるような理論的思考の形態と実践的行動の形態を創り出さなければなりません。支配的な経済勢力は世界的な規模で国境を越えて活動しています。ところが空っぽの場があります。国境を越えたたたかいの場です。この場は理論的に空っぽです。考えられていないからです。実践的にも空っぽです。新たな保守革命を少なくともヨーロッパ規模で阻止することができる諸勢力を結集した真の意味での国際的組織が存在しないからです。

一九九六年一一月　パリ

◆社会運動総結集シンポジウム（一九九六年一一月二三―二四日、パリで開催）開会集会での発言。

新しいインターナショナリズムのために

今日、ヨーロッパ諸国民は彼らの歴史の転換点に立っています。それは、数世紀にわたる社会闘争、労働者の人間的尊厳を守るための知的・政治的たたかいの成果が真っ向から脅かされているからです。各地で同時的あるいは波状的に、ヨーロッパ全土で、いやその他の地域、韓国でまでも、盛り上がっている社会運動、真の意味での連携なしに、ドイツで、フランスで、ギリシアで、イタリアで継起している運動はすべて、分野によって、また国によって異なった形を取っていますが、しかしいずれも同じ狙いを持つ政策に対する反乱です。その狙いというのは、何と言われようと文明のもっとも高貴な成果の一つである社会的既得権益《アキ・ソシオー》を破壊することです。社会的既得権益は、「グローバリゼーション」(つまり経済的・社会的に遅れている国々の先進国に対する競争力）を口実に破壊するのでなく、普遍化すべき、全世界に拡大すべき、まさにグローバル化すべき成果です。保守主義だとか時代遅れだとか言う者がいますが、この社会的既得権益の擁護以上に自然で正統なことはありません。カントやヘーゲル、モーツァルトやベートーベンのような人類の文化的既得財産の擁護を保守的だとして断罪する者がいるでしょうか？　多くの人々がそのために苦しみ、たたかった社会的既得権益、つまり労働法や社会保障制度はそれと同じように高貴で貴重な成果です。しかもそれらは美術館や図書館、大学で生き延びているのではなく、人々の生活のなかに生きて働いており、人々の毎日の生活を律しているのです。まさにそれゆえにこそ私は、「特権」と言って非難されることのある自分たちの既得権益を擁護することによってヨーロッパとその他の地域のすべての人間の既得権益を擁護している人々のことを、もっとも野蛮な経済勢力の味方になって非難する者たちを前にして憤激を押さえることができないのです。

数ヶ月前に私がティートマイヤー氏に投げかけた挑戦状は多くの誤解を招きました。それは私の発言が、ティートマイヤー氏が依って立つネオ・リベラル思考の論理のなかで発せられた質問、それゆえにもともと設定の仕方が間違っていた質問に対する答えであると見なされたからです。ティートマイヤー式思考では、ユーロ新設に象徴される通貨統合はヨーロッパの政治的統合の必須の前提、必要にして十分な条件です。言い換えれば、ヨーロッパの政治的統合は経済的統合から必然的に、不可避的に結果するという見方です。ということは、通貨統合政策に、そしてティートマイヤー氏のような、その擁護者に反対することは政治的統合に反対すること、要するに「反ヨーロッパ」だということになります。

全然違います。問われているのは国家（現行の国民国家であれ創建すべきヨーロッパ国家であれ）の役割なのです。野放しの経済の過酷なメカニズムに、唯一、抵抗することができる福祉国家の役割なのです。ティートマイヤー氏のヨーロッパのように、金融市場の出先機関のような役を果たすヨーロッパには反対すると同時に、合議による政策をもって金融市場の野放図な暴力を抑止するようなヨーロッパに賛成することは可能です。しかし、そのような政策を、今つくられつつある銀行家のヨーロッパに期待することはできません。社会保障の統合の実現を金融統合に期待することはできません。事態はまったく逆です。なぜなら、ユーロ圏のなかで他の加盟国に対する競争力を維持しようとすれば、国家は社会保障支出を削減して賃金コストを下げないわけにはいかないからです。社会ダンピングと賃金カット、労働市場の「弾力化《フレキシビリザシオン》」は為替レートを操作する余地のなくなった国家に残される唯一の手段となるでしょう。これらのメカニズムに加えて、事ある毎に「賃金抑制」を説くドイツ連邦銀行とその首脳部のような「金融当局」の圧力が強まることでしょう。マネタリズム経済の反統合的な作用を阻止できるのはヨーロッパ福祉国家だけです。しかしティートマイヤー氏は、またネオ・リベラル派は国民国家を、まして超国民国家を求めません。彼らにとっては、前者は自由な経済活動の邪魔になるだけですし、後者は単なる銀行に矮小化してしまいたいのです。権限を骨抜きにすることによって国民国家を（あるいはEU加盟国閣僚会議を）厄介払いしてしまいたいと考えているのですから、何としても束縛されまいとしている社会政策において、増大した権限を行使して彼らに規制を加えようとするような超国民的国家をつくるはずがありません。

こうして、単一通貨だけを土台にしたヨーロッパ統合に反対するからといって、ヨーロッパの政治的統合に反対ということにならないことは明らかです。事実はまったく逆で、それは欧州中央銀行を監督することができるヨーロッパ国家の創設を訴えることにつながるのです。より正確に言えば、(福祉)国家を市場の円満な運行の障碍としてそのすべての痕跡までも消滅させてしまおうとしているネオ・リベラル哲学に依拠した、単なる貨幣的側面に矮小化されてしまった連合のマイナスの効果を事前に予知し抑止することができるようなヨーロッパ国家です。

国際的な(特にヨーロッパ内の)競争が、ドイツ語で皆さんがRegressionsverbot〔逆行禁止〕と呼んでおられる政策を一国のみで実現する障碍になることは明らかです。労働時間短縮や経済振興対策の場合を見れば分かります(労働時間短縮はおそらく生産性の増大につながりうるがゆえに部分的に相殺されるという事実、また、この短縮によって失業救済に費やされる莫大な支出が縮減されるという事実はありますが)。ジョン・メージャー前英国首相はこのことを理解し、シニックな警告を発しました。「おたくが労働時間を短縮すれば、おたくは賃金コストが増え、うちは雇用が増えますよ」と。ドイツの経営者もこのことはよく理解しています。だからこそ彼らは、一部の企業をフランスに移転し始めているのです。フランスでは労働者の社会的権利の破壊が比較的「進んでいる」からです。競争は主としてヨーロッパ内の競争であるというのが実際です。ドイツの労働者の仕事を奪っているのはフランスの労働者なのです。また、その逆の場合もあります。ＥＵ諸国の貿易の四分の三近くはヨーロッパ圏のなかでおこなわれているのです。となれば、ヨーロッパ規模で決定され実施されるのであれば、賃金削減無しの労働時間短縮の影響はそれだけ小さくなるであろうことは明らかです。

需要刺激対策や新テクノロジーへの投資政策についても同じことが言えます。これらの政策は一国においてのみ推進されるのである限りは、偽学者が何度も繰り返すように、不可能かもしれませんし、あるいは金がかかりすぎるかもしれません。しかし、大陸規模で実施されるのであれば時宜に適った施策になりえます。もっと一般化すれば、真の意味での幸福の経済学（人間の行動の、とりわけ労働と失業の、物質的・象徴的なすべての利益とすべての費用を考慮に入れることができる経済学）の原則によって方向づけられたすべての施策についても、同じことが言えます。社会的既得権益を破壊するマネタリズムのヨーロッパに対して、ヨーロッパ諸国の労働者の同盟の上に立つヨーロッパ福祉国家——ある国の労働者を特に社会ダンピングによって他国の労働者に対立させようとする企てを阻止する力をもったヨーロッパ——を対峙させなければなりません。

そうした展望のもとで、単なる抽象的な目標から脱するためには、新しいインターナショナリズムを創出しなければなりません。これはまず第一に労働組合組織が担うべき課題です。しかしながら、伝統的な形でのインターナショナリズムはソビエト帝国主義に従属していたために信用を失墜させてしまいました。また今でも、組織の構造が国単位《ナショナル》であり（国家に連結し、しかも一部は国家によってつくられた）、異なった歴史的伝統によって分け隔てられているという事実からくる大きな障碍にぶつかっています。たとえばドイツでは、労使それぞれが強い自律性を持っていますが、フランスでは強い国家に対して弱い組合という伝統があります。同じく社会保障制度も税金を財源にしているイギリスから掛け金によって運営されているドイツ・フランスまでさまざまな形を取っています。ヨーロッパ規模の制度は何もありません。「社会的ヨーロッパ」L'Europe sociale と呼ばれているもの（「ユーロの番人」たちはこんなもの眼中にありません）はいくつかの原則があるだけです。たとえば「社会的基本権に関する連合憲章」ですが、最低限の基準を設定しているだけで、しかもその履行は加盟国の裁量に任されています。マーストリヒト条約の付属文書には、労働条件、労働者への情報提供、労働者との協議、男女間の機会均等に関する指針を条件付き多数決で採択する道を開いています。また、ヨーロッパの労使が集団協定を結び、これをEU関係閣僚会議が採択すれば法としての効力を持つことを取り決めています。

結構ずくめな話です。しかしながら、そのような協定をヨーロッパの経営者に認めさせることができるような社会勢力がどこに存在するでしょうか？　欧州労連CESのような国際組織（フランス労働総同盟CGTのような組合はこの組織から排除されています）[*24]は強固な組織を持つ経営者に対抗するには弱すぎます。しかも不可解なことに、社会的権利が問われている場合でも、ほとんど常にEUの関係機関（とテクノクラート）任せでイニシアティヴを取ろうとしません。多国籍企業の労使紛争の際に見られたように、企業委員会が強力な拠点となることもありますが、しょせんは単なる協議機関ですから、国による利害の違いで足並みが揃わなかったり対立したりで頼りになりません。労働者の闘争のヨーロッパ的規模での連携はたいへん遅れています。労働諸団体は幾度も絶好のチャンスを逃してしまいました。たとえば三五時間制の要求を掲げたドイツ労働者のストライキです。ヨーロッパ諸国に波及することなく終りました。緊縮政策と公共サービス機関の解体に反対して九五年末から九六年初めにかけてフランスといくつかの国で大きく盛り上がった運動もしかりです。

知識人は（特にドイツでは）沈黙したまま。そうでなければ支配的言説の代弁者となったのでした。

さて、労働組合、知識人、そしてヨーロッパの一般市民のあいだの新しいインターナショナリズムはどのような土台の上に築かれるべきでしょうか？　相互に対立するわけではありませんが、二つの行動形態を考えることができると思います。

まずはヨーロッパ諸国の市民の動員《モビリザシオン》です。これは知識人の固有の参加を必要としています。なぜなら、現在の動員解除《デモビリザシオン》の状況は評論家やジャーナリストが不断に展開している（しかしその送り手も受け手もそれと自覚していない）「プロパガンダ」によって生まれた志気喪失《デモラリザシオン》の結果だからです。市民の動員が成功する社会的背景は存在します。一つ挙げましょう。それは、学校教育制度に対する関係の変化がもたらした効果です。具体的に言えば、教育水準の向上、学歴学位の価値下落、それに伴う構造的現象として学歴学位に釣り合わない格落ち就職《デクラスマン》、そしてまた学生とブルーカラー労働者とのあいだの断絶の緩和です（老年層と若年層、安定した職に就いている者たちと不安定な職に、あるいはプロレタリア化に脅かされている者たちのあいだの断層は依然として存在しますが、労働者の家庭の教育を受けた子どもたちのあいだには経済危機に直面して真の絆が生まれてきています）。しかしそれだけではありません。それ以上に、社会構造の変化があります。ドイツで広く信じられている巨大な中流階級という神話にもかかわらず、社会的不平等は拡大しています。投資収益の総額は六〇％増なのに対して、賃金労働の所得は変わっていません。広範な市民を動員するためには思想闘争を重視する必要があります（そのためには、特にフランスの社会運動に付きまとっていた、そして社会闘争において知的闘争に正当な地位を与えることを妨げてきた「労働者至上主義《ウーヴリエリスム》」と縁を切らなければなりません）。特に、支配層とその御用思想家たちが絶え間なく生産し伝播する表象、つまりニセの統計、イギリスやアメリカの完全雇用の神話などなどを批判する仕事を重視する必要があります。

国家横断的《トランスナシオナル》な福祉国家を創建することができるようなインターナショナリズムをめざす第二の行動形態は国民国家に対する、また国民国家をとおしての働きかけです。現状では、まだ全体的な未来像を欠いているため、国民国家はEU共同体の全体的利益を考えて行動することができません。一方で、国民国家に働きかけて、それぞれの国民国家に固有の歴史的既得権益を守り強化する必要があります（フランスのように国家の力が強い場合にはこれらの権益はそれだけ大きく、また人々の心にそれだけ深く根を下ろしています）。他方では、さまざまな国のもっとも進んだ社会的既得権益を積み上げていくようなヨーロッパ福祉国家の創建のために寄与するよう、国民国家に求めていくことが必要です（保育所、学校、病院を増やせ！　軍人、警察官、刑務所を減らせ！）。さらに、単一市場の実現が労働者の生活にマイナスの社会的影響をもたらす野放しの競争につながらないよう、またそのための社会政策を優先させるよう、国民国家に求めていくことが必要です（この点ではスウェーデンの例が参考になります。この国は経済・社会政策の協調を優先させるような再交渉を求めてユーロへの加盟を見合わせました）。社会の団結は為替レートの安定と同じくらい重要な目標です。そして社会の調和は真の通貨同盟が成功するための前提条件です。

社会的調和は連帯を生み出しますし、また、連帯によって生み出されます。この社会的調和と連帯を絶対的前提条件とするのなら、これまで（財政赤字は三％を越えてはならないというマーストリヒト条約のあの数値のような）経済指標に対して払われたのと同じ厳格な配慮をもって直ちに交渉の俎上に乗せるべき共通の目標がいくつかあります。たとえば

——最低賃金の決定です。地域間の格差を考慮に入れて差異化した最低賃金です。

――公共支出のうち金融取引が負担すべき部分を減少させ、間接的に労働に対する過重課税を招く汚職と脱税を阻止するための、また、直接的な競争関係にある分野の社会ダンピングを阻止するための対策です。

――共通の社会的権利を規定した法律の制定です。過渡的な措置として地域間の差異を認めますが、ある国ですでに存在する権利は取り入れることによって、まだ存在しない国ではその実現をめざすことによって、各国の社会政策を統合していくような法律です。たとえば、報酬のある仕事を持たず他に収入源のない人たちのための最低所得の設定。労働者にかかる負担の軽減。自主研修のような社会的権利の増進。就職権とか住居権の設定。EUの社会的権利基準を広め一般化することを目的とする社会政策面の対外政策の策定です。

――全体の利益に適った共通投資政策の策定と実施です。具体的に言えば、純粋に投機的な、また/あるいは短期的な利益を目的とする、あるいは全体の利益とは真っ向から対立する前提(人員削減こそは健全な経営の証であり収益性の保障であるといった式の)にもとづく財政の独り歩きに由来する投資戦略とは反対に、再生できない資源と環境の保全、ヨーロッパ横断的な運輸・エネルギー網の発展、公共住宅の増設と都市再改造（特に環境に配慮した都市交通機関の設置）、健康・環境保護の分野の研究開発への投資、新しい、リスクを伴うように見える分野（小企業や個人事業）への、金融界が知らないような形態での融資などをめざした戦略を優先させる必要があるでしょう[10]。

バラバラな対策を羅列しただけのように見えるかもしれませんが、実はネオ・リベラル思考の宿命論を打破しよう、政治化することによって「脱運命化」しようという意志に発する提言です。ネオ・リベラリズムの自然化した経済学に人間のイニシアティヴと意志にもとづく幸福の経済学を代置しなければなりません。生産性と収益性のみを崇拝する狭隘な経済主義には無縁の、苦しみのコストと自己実現の利益を計算のなかに入れる幸福の経済学です。

ヨーロッパの将来はドイツの進歩的勢力（労働組合、社会民主党、緑の党）の重みに大きく依存しています。これら勢力の、ドイツ連邦銀行とドイツ政府が推進する「強いユーロ」政策に対抗する意志と能力に大きく依存しています。今後はまた、ドイツの進歩的勢力が、すでに今いくつかの国で、特にフランスで盛り上がっているヨーロッパ政治の方向転換を求める運動を受け継ぎ発展させる力があるかどうかに大きく依存することになるでしょう。不幸の予言者は大勢います。彼らは、皆さんの運命は「金融市場」とか「グローバリゼーション」のメカニズムのような、超越的な、独立した、無情な力の掌中にあると信じ込ませようとしています。こうした不幸の予言者に対抗して、私は皆さんに確信していただけるという希望をもって申します。未来は、皆さんの、そして私たちのものでもある未来は、すべてのヨーロッパ人の未来は、ドイツ人としての、また、労働組合員としての皆さんの双肩にかかっているのです、と。

一九九七年七月　フランクフルト

◆一九九七年六月七日、フランクフルト市で開催されたヘッセン州DGB（ドイツ労働組合連盟）第三回フォーラムでの発言。

テレビジョン再論

P・R・ピレス（以下――）　マスコミの目に見えない構造についてメディアのプロたちの意識を目覚めさせることが必要だ、と『テレビジョンについて』（邦訳名『メディア批判』として本書と同時出版）のなかで述べておられますが、メディアがこれほど行き渡っている世界で、メディアのメカニズムについてプロも一般市民もまだそんなに盲目であるとお考えなのですか？　プロと市民のあいだに馴れ合い関係があるということですか？

PB　プロの人たちが盲目であるとは考えていません。プロたちは二重の意識構造を持っているのです。一方ではメディアについて実際的な見方をしていて、自分が自由にできるメディア手段が提供してくれるいろいろな可能性を、ときにはシニックに、ときにはそれと知らずに、最大限に利用するわけです（もちろんプロのうちでもトップクラスの人たちのことですが）。他方では、理論的な見方もしていて、つまり社会の木鐸式の自負もあって、自分のやっていることの真実を公けの場で否認したり、他に対してばかりか自分に対しても隠蔽したりするわけです。

このことを裏付ける二つの証拠があります。一つは『メディア批判』に対する反応です。「大物」ジャーナリストたちは皆、激昂して非難しました。この本は誰も知らなかったようなことは何も言っていないというのです（これは典型的にフロイト的な論理に従った反応で、以前にも教育を論じた私の著作『遺産相続者たち』に対して同じ反応がありました）。もう一つはダイアナ妃の死についての彼らの偽善的な反応です。マスコミがこの「非＝出来事」、つまり他の人間なら取り上げられることもない単なる交通事故を破廉恥の極みまでセンセーショナルに取り上げるのを放置しておきながら、「大物」たちはこの事故に対するジャーナリストの責任を大所高所から慨嘆してみせたりしたのです。

こうした二重構造の意識はマスコミ界の大物に共通するものです（古代ローマの卜占官たちは笑い出さずには互いの顔が見られなかった、と言われています）。こういう意識構造であるからこそ、彼らの仕事を客観的に記述した著作をスキャンダラスな告発だとか悪意に発する攻撃だとかいって非難する一方で、プライベートな懇談の場とか社会学者の面接調査に応じる際（本のなかで実例を挙げておきました）とかには、あるいは公けの場でさえも、私と同じことをはっきりと述べたりすることがあるのです。たとえば、『ル・モンド』がダイアナ妃に大きな紙面を割いたことを批判した投書に答えて、トマ・フェランズィは九月七・八日付の同紙にこう書いています。確かに『ル・モンド』は変わった」、いわゆる「社会の事実」（とフェランズィは婉曲に言っています）を次第に大きく扱うようになった、と。三ヶ月前には書くことを断固として拒否したであろう真実です。テレビのために余儀なくされた変化が誰の目にも明らかになったのだ、現代《モデルニテ》に適応する、「視野を広げる」道の一つだとお説教めかした口調で居直っているのです。

［一九九八年一月の加筆］——そして新聞の編集がますます商業主義的になっていくことを憂える読者をなだめる任務を仰せつかっている投書欄担当オンブズマンのフェランズィは毎週一度、自分のレトリックの才を尽くして、同義語反復的論拠をうまずたゆまず繰り返しつつ、被告であると同時に裁判官でもあることが可能であると説得しようとしているのであ

る。凡庸な作家がおこなった下り坂のポピュラー歌手のインタビューを掲載したのを『ル・モンド』が「デマゴギー」に偏向しつつある表れと批判した投書に対してフェランズィは一九九八年一月一八・一九日付の紙面で『ル・モンド』は紙面の「開放」をめざしているのだ、と反論することしかできなかった。彼いわく「これらの主題が、また他の主題にしてもそうですが、大きく扱われているのはわれわれを取り巻く世界を有益に照らし出してくれるからです。また、まさにこの理由から本紙の多くの読者の関心を惹くからです。」その翌週に、アルジェリアの状況についてのジャーナリスト知識人の体制迎合的ルポルタージュ〔ベルナール＝アンリ・レヴィのルポルタージュ〕を批判的知識人の伝統を裏切る者として批判した読者の投書に、一九九八年一月二五・二八日付で、ジャーナリストは書いたものを載せる載せないについて知識人を選別することはできない、と答えている。フェランズィが『ル・モンド』の路線の弁護役を仰せつかったのは彼の慎重な人柄ゆえなのであろうが、こうして彼が毎週繰り返す言葉はまさしくこの新聞の慎重さの欠如を暴露している。読者が寄せる挑戦に応答するという、いわば週一度の精神分析の面接治療の過程で、ジャーナリズムのもっとも奥深くに潜む無意識があらわになってくるのである。」[*25]

支配的なプロたち、つまり共通の利害とあらゆる種類の馴れ合い関係で結ばれている大物ジャーナリストたち[11]はこのような二重意識を持っているわけですが、「下っ端の」ジャーナリストたち、現場記者、フリーランス、要するに不安定な弱い立場でジャーナリズムのなかで本当の意味でもっともジャーナリズムらしい仕事をやっている無名の人々はずっと醒めた目を持っていて、それがひじょうにダイレクトに表現されることがあります。テレビの世界について突っ込んだ認識を得ることができるのは、こうした人々の証言のおかげであることが少なくありません。[12]

――「ジャーナリズム界《シャン》」の形成を分析しておられるわけですが、あなたの視点は「社会学界《シャン》」の視点です。この二つの界は相容れない関係にあるとお考えですか？　社会学は「真実」を提示し、メディアは「虚偽」を提示するのである、と？

PB　それこそまさに、いかにもジャーナリスティックな見方に特徴的な二分法です。意図的な二元論《マニケイズム》こそジャーナリスティックな見方の典型的な特性なのです。言うまでもなくジャーナリストが真実を作り出し、社会学者が虚偽を作り出すことがあります。「界《シャン》」のなかには、その定義からして、何でもあるのです！　ただし、異なった比率と確率においてであるでしょうが。いずれにせよ、社会学者の第一の仕事はそうした二分法を粉砕することです。私が『メディア批判』のなかで何度も言っているのはこういうことです。つまり、社会学者は透徹した目を持った批判的なジャーナリスト（そういうジャーナリストはたくさんいます。ただし、テレビ局やラジオ局、新聞社の上層部とは限りませんが）に、彼らが彼らの上に重くのしかかってくる経済的・社会的勢力に抗して効果的に仕事をする（特に、彼らがしばしば敵視する社会科学者と連携することによって）ことを可能ならしめるような認識と理解の（そしてときには行動の）手段を提供することができる、ということです。私はいま（特に *Liber* という国際的な雑誌によって）ジャーナリストと研究者のあいだの国際的なネットワークをつくることに、そしてジャーナリズムに加えられる抑圧と、ジャーナリズムが文化的生産全体に、したがって社会総体に加える抑圧に抵抗する勢力を形成することに努力しています。

——テレビは象徴的抑圧の一形態と見なされているわけですが、テレビとメディアの民主的ポテンシャルとはどのようなものであるとお考えですか？

PB メディアの上層部がメディアについて持っている、そしてメディアについて与えようとしているイメージと、メディアの働きと影響の現実とのあいだに、大きなギャップがあります。メディアは全体として政治的関心を失わせる要因です。メディアは政治的関心がもっとも低い集団に、つまり男性よりは女性に、教育水準が高い者たちよりは低い者たちに、富裕層よりは貧困層に、優先的に作用します。こういう指摘は不快感を与えるかもしれませんが、政治的質問に筋立った回答ができるか、あるいは無回答かの確率を統計的に分析してみると、この事実が立証されます（私が最近出版した『パスカル的瞑想』のなかで、政治の領域でこの事実がどういう結果をもたらすかを展開しておきました）。テレビは（新聞よりもはるかに）ますます脱政治化され、殺菌され、脱色された世界像を提供します。また、次第に新聞を巻き添えにしてデマゴギーと商業的利害の方向へ滑り落ちていっています。

ダイアナ妃事件は私が『メディア批判』のなかで言ったことすべての完全な例証です。極限的な実例です。すべてが揃っています。あれはまさに真の問題から目を逸らさせるのにうってつけの事故でした。二四時間チャリティ番組的効果がありました。誰でもが賛成する、曖昧な、そして完全に政治不在の人道的大義の、なんのリスクも伴わない擁護です。ヨハネ＝パウロ二世の一九九七年夏パリの世界青年祭の直後、マザー・テレサの死の直前に起こったダイアナ妃事件と共に、最後の歯止めが吹き飛んだような感じがします（マザー・テレサは私の知る限り妊娠中絶と女性解放の問題では進歩主義者ではなかったと思いますが、非情な銀行家たちが牛耳る世界にもってこいの人物だったのです。銀行家たちからすれば不可避の傷口、彼らが作り出すことに大いに与った傷口に人道主義の敬虔な擁護者たちが包帯を巻いてくれることに、彼らとしては何ら異存はないのです）。こうして、事故から二週間後になっても、『ル・モンド』が事故の調査状況を一面トップで扱う一方で、テレビではアルジェリアにおける虐殺事件とイスラエル・パレスチナ関係の推移がニュース番組の最後に数分間で片付けられる、という事態になっているのです。ついでですが、先ほど、ジャーナリストはデマを、社会学者は真実を、と言われましたね。アルジェリアをよく知っている社会学者として言うのですが、私はフランスの〔カトリック系の〕新聞である『ラ・クロワ』に尊敬の念を抱いています。アルジェリアで続いている虐殺事件の真の責任者について非常に正確かつ厳密で勇気ある調査を載せています。私が知りたいのは（今のところ答えは否定の答えですが）、他の新聞も、特に真面目を売り物にしている新聞が、『ラ・クロワ』のこの調査をフォローするかどうかです。

――六〇年代にウンベルト・エーコが言ったあの有名な二分法に倣って言いますと、「統合された者たち《アンテグレ》」に対してあなたは「終末論者《アポカリプティック》」「黙示録的人間《アポカリプティック》」と言ってよいですか？

PB　そうかもしれません。たしかに「統合された者たち」が大勢いますね。新しい支配秩序の力は、世界どこでもそうですが、ますます多くの知識人を「統合する」（ある場合には買収する、他の場合には誘惑する）固有の方法を見つけることができたことにあります。こうして「統合された者たち」は自分では（昔ながらの）批判的知識人（あるいは単に左翼知識人）のつもりでいることが多いのですが、そのことがまた、既成の秩序に迎合する彼らの行動に大きな象徴的効力を付与しているのです。

――ダイアナ妃事件におけるメディアの役割についてどうお考えですか？　メディアの機能についてのあなたの仮説が裏付けられたとお考えですか？

PB　私が『メディア批判』のなかで述べていたことの、おそろしいくらい完璧な例証でした。モナコやイギリス、その他の王族はソープオペラやテレビ小説の題材の尽きることのない源泉として保存されるでしょう。いずれにせよダイアナ妃の死が引き起こした大ハプニング劇がイギリスその他の国々の小ブルジョワジーを魅惑する娯楽番組のシリーズに入ったことは明らかです。メロドラマとハイテク特殊効果の結合から生まれた「エヴィータ」や「ジーザス・クライスト・スーパースター」のようなミュージカル・コメディと同じです。テレビのお涙頂戴連続ドラマやセンチメンタルな映画、空港や駅で売っている大衆小説、耳にやさしいポップミュージック、家族で楽しむ娯楽などといった類のものです。要するに体制迎合的でシニックなテレビとラジオが一日中垂れ流す、そしてキリスト教諸教派のお涙頂戴式モラリズムとブルジョワ的娯楽の美的保守主義とを併せ持った文化産業製造物です。

——メディア化した社会で知識人はどんな役割を果たしうるでしょうか?

PB　かつての幸福な時代にはとかくその気になってしまう傾向があったわけですが、霊感を受けた予言者といったような、大きな積極的役割を果たしうるかは疑問です。知識人の存在と自由の土台そのものを切り崩そうとしている勢力、市場の勢力と馴れ合いや共犯の関係に入らないようにできれば、すでに上出来と思います。私が『芸術の規則』のなかで示したように、法律家や芸術家、作家、科学者が政治的・宗教的・経済的権力に対して自律性を確立し、彼ら自身の基準、彼ら特有の価値、特に真理の価値を、彼ら自身の世界、彼らの小宇宙のなかで、また、ときには（その成果はいろいろでしたが）社会のなかで（ドレフュス事件の際のゾラ、アルジェリア戦争の際のサルトルと一二一人宣言〔フランス軍による拷問を批判した一二一人の知識人の声明〕の署名者たち、など）認めさせるためには、数世紀が必要でした。こうして獲得された自由の成果が今、いたるところで脅かされています。軍人や独裁者、マフィアによってのみではありません。もっと狡猾な勢力、市場の勢力によってです。しかもこの勢力は姿を変えているのです。多様な人々を誘惑する力を持つ人物に化身しているのです。ある人々にとってそれは、数学的形式主義で武装した経済学者、「グローバル化した」経済の変化を運命として記述する経済学者でしょう。他の人々にとってそれは、ロックやポップやラップの国際的スターでしょう。シックであると同時に気楽なライフスタイルを体現しているスターです（歴史上初めて、スノビズムの魅力がジーンズとかTシャツ、コカコーラといった典型的な大衆消費製品とその利用と結び付きました）。さらにある人々にとってそれは、諸文化の交配《メティサージュ》をいかにも革命的に謳い上げて人目を惹こうとする、ポストモダンと銘打たれた「キャンパス・ラディカリズム」でしょう。

「統合された」知識人すべてが口にする「グローバリゼーション」が現実となっている

領域があるとすれば、それは大衆文化生産の領域です。テレビ（特に私はラテンアメリカの特産物になった、そして「ダイアナ的」世界観を広めているテレビ小説 telenovelas を念頭に置いています）と大衆映画・大衆新聞雑誌です。さらには、より深刻な事態ですが、高級日刊紙・高級週刊誌が伝播する「社会思想」――「歴史の終焉」「ポストモダニズム」「グローバリゼーション」といった地球規模で流通しているテーマや表現――がそれです。この最悪なもののグローバリゼーションに抵抗し、それが文化と民主主義に及ぼすもっとも悪質な効果とたたかうこと、芸術家、作家、そして研究者（特に社会学者）にはその力があるし、それがまた彼らの義務であると思います。

一九九七年九月　パリ

◆『メディア批判』のポルトガル語訳がブラジルで出版された後おこなわれた、P・R・ピレスによるインタビュー。リオ・デ・ジャネイロの『オ・グロボ』紙、一九九七年一〇月四日付けに掲載。
＊訳注――本書のフランス語版原本には、この「テレビジョン再論」の前に『メディア批判』（原タイトル『テレビジョンについて』）英訳版の後書きとして書かれた「テレビ、ジャーナリズム、政治」というテクストが収録されているが、本来の場所である『メディア批判』に移した。

われわれを無責任呼ばわりする「責任ある者たち」

われわれが公約を思い出させようとするとわれわれを「無責任」呼ばわりする、われわれによって選出された「責任ある者たち」の言い逃れと引き延ばしはもうごめんだ。彼らが許している国家人種主義はもうごめんなのだ。まさに今日のことである。アルジェリア系フランス人の私の友人が自分の娘がどんな目にあったかを話してくれた。大学に入学手続きに行ったところ、彼女のアラブ人的な姓を見ただけで、女性職員はいかにも自然に身分証明書、パスポートを見せるよう言ったというのである。数年前には考えられなかった、このような嫌がらせと辱めを断固として止めさせるために、国民戦線〔極右政党〕の外国人排斥の主張に対する途方もない譲歩である偽善的な法制ときっぱりと縁を切らなければならない。パスクワ・ドブレ法を廃止しなければならないのはもちろんである。しかし何よりも、ユダヤ人絶滅にフランスの国家官僚が関わったことが論議されているまさにこのときに、いま述べた大学の女性職員のように、自分の立場を利用して自分のもっとも低劣な外人嫌いの衝動を表現する役人の言動を事実上承認していることになる、すべての政治家たちの偽善的な言辞のすべてを終わらせなければならない。あれこれの法律の利点を比較して煩瑣な法律論議を始めるのは何の役にも立たない。それが存在すること自体が、外国人に(もちろんどんな外国人にもというわけではないのだ)猜疑の目を向けさせることによって、下級上級の官僚による差別的扱いを正当化する役割を果たしている法律を全面的に廃止しなければならないのである。いつもいつも自分の市民資格＝国籍を証明しなければならない市民とはいったい何なのか?(多くのアルジェリア系フランス人が自分の子どもが大きくなって嫌な目に会わないようにどんなファーストネームを付ければよいか悩んでいる。なのに、私の友人の娘を差別した女性公務員はその娘がメラニーというヨーロッパ人的な名であることに意外な表情を示したのだ。)

私は言う。いま毎日、何千度となく起こっているように、公務員が、顔を見ただけで、あるいは姓を見ただけで、一市民の市民資格＝国籍に疑いを持つことを許すような法律は人種差別主義の法律である、と。ジョスパン氏が首班となってわれわれのために組閣してくださった選良内閣のなかに、フランス国家の公務員の見事に恣意的な慧眼に止まりそうな烙印を押された者、黒色の顔をした者、あるいはアラブ系の名前を持った者が一人もいないのはまことに残念である。そういう閣僚が一人でもいれば、シュヴェヌマン内相とて、権利《ドゥロワ》＝法と社会風潮《ムルス》は違うこと、最悪の社会風潮を助長するような法規定が存在することを、思い起こすだろう。私がこの一文を草したのは、いま沈黙している人々、あるいは無関心な人々に考えてもらいたいからである。三十年後、アルジェリア系フランス人である子どもたちがケルカル[*26]というファーストネームを持つような時代になったとき、過去の過ちについて「改悛の念[*27]」を表明する羽目になるであろう前に。

一九九七年　パリ

◆『レ・ザンロッキュプティブル』誌、一九九七年一〇月八日号に掲載。ギグー法相とシュヴェヌマン内相が提出したフランス国籍と外国人のフランス入国・滞在に関する法案を批判。

不安定就労は、いま、いたるところに

この二日間この会場で展開された共同討論はひじょうに特異なものでした。なぜかと言いますと、普段はお互い、会って議論する機会があまりない人々——公務員、政治家、組合活動家、経済学者、社会学者、不安定就労者を多く含む勤労者、失業中の人々——が一堂に会しているからです。ここで論議された問題のいくつかを振り返ってみたいと思います。最初の問題——これはアカデミックな集会では暗黙のうちに排除されている問題ですが——はこういうことです。つまり、こうした議論から結局何が出てくるのか？　もっと乱暴な言い方をすると、こうした知的議論は何の役に立つのか？　逆説的なことですが、ここにいる参加者のうち、この問題をもっとも気にかけている、あるいはこの問題でもっとも気を揉んでいるのは、そしてこの問題を直接的に問いかけられているのは研究者です（これは大変よいことだと思います）。研究者と言いましたが、特に経済学者の皆さんでしょう。というのも、経済学の専門家のなかではここに参加している人たちは少数派でしょうから。経済学の分野では社会的現実を、いや、現実そのものを気にかける者は稀ですから。何の役に立つのかとは乱暴かつ素朴な質問ですが、研究者に彼らに課せられた責任を想起させる質問です。研究者は沈黙することによって、あるいは積極的な共犯者となることによって、経済体制の機能の維持の条件である象徴体制の維持に手を貸すことになるだけに、彼らの責任は重大です。

いま、いたるところに不安定就労が存在することが明らかになってきています。民間部門だけでなく、公共部門でも。公共部門でも、臨時やパートタイムのポストが増えているのです。工業生産部門だけでなく、教育やジャーナリズム、メディアなど文化的生産と普及の部門でも。これらの部門では不安定がどこでも同じような効果を、特に失業という極限的ケースで目に見えて顕著な効果を生みだしています。つまり、生活の破壊です。生活の時間的構造が失われてしまうのです。またその結果として、世界、時間、空間に対する関係が変質してしまいます。職の不安定はそれに見舞われた男性・女性に深刻な影響を及ぼします。未来を不確かなものにしてしまいますから、合理的な予測ができなくなります。現在に抵抗して立ち上がるために、特に集団的に立ち上がるために必要な、未来に対する最低限の信頼と希望を持つことができなくなってしまうのです。最悪の現在に対しても立ち上がることができなくなるのです。

不安定就労には、その当事者に作用する効果の他に、一見安定した職に就いていると見える者たちに働く効果があります。不安定就労は忘れられることがありません。すべての人の脳味噌にいつもこびりついています（リベラル派エコノミストを除いて。というのも、この集会に参加した反リベラル派の経済学者が指摘したとおり、彼らはいわゆる終身在職権 tenure 制度によって保護されているからです）。不安定就労はすべての人の意識と無意識に取り憑いています。いまや、高学歴者の大量生産のために就業予備軍が存在するのは能力と技術のもっとも低い層だけではありません。この大量の予備軍の存在がすべての労働者に、自分は他をもって代えがたいというわけではない、自分の仕事、自分のポストはいわば特権なのだ、しかも脆い、脅かされている特権なのだ、ということを思い知らせる役を果たしているのです（労働者が異を唱えれば雇用者が、ストライキになればジャーナリストと評論家が、すぐそのことを思い出させてくれます）。客観的不安定が全体的な主観的不安定を生み出しているのです。高度に発達した経済の内部でこの主観的不安定は、すべての労働者の上に、直接的に脅威にさらされていない、あるいはまださらされていない労働者の上にも、のしかかっているのです。こうした「集合心性《マンタリテ・コレクティヴ》」（私はこの言い方を好みませんが、私の言いたいことを理解してもらうために使います）がすべての途上国で観察される（私が六〇年代のアルジェリアで観察したような）士気喪失《デモラリザシオン》と動員不能《デモビリザシオン》の原因になっているのです。途上国は高率の非雇用あるいは低雇用に苦しみ、失業の亡霊に付きまとわれているからです。

　失業者と不安定就労者は未来に自己投企する力（これは、経済的計算をはじめとする、あるいはまったく別の領域ですが、政治的組織化など、いわゆる合理的行為すべての前提条件です）を削がれてしまっていますから、ほとんど動員不可能です。私がごく若い頃に書いた『アルジェリアにおける労働と労働者』(13)はいまでもアクチュアルな本だと思いますが、この本のなかで明らかにしたように、逆説的ながら、革命的なプロジェクトを考え出すためには、すなわちプロジェクトされた未来を展望しつつ現在を変革する理詰めの野心を抱くためには、現在に対する最低限のとっかかりが必要です。下層《サブ》プロレタリアと違ってプロレタリアは、構想された未来を見据えつつ現在を変える野心を抱くために必要な、この現在の最低限の保障、安全を享受しています。しかしまた、あえて言えば、プロレタリアはまだ守るべき何かを、失うべき何かを、仕事（たとえ過酷で低賃金の仕事であっても）を持っている存在です。慎重すぎる、保守的だとさえ記述されることのある彼の行動の多くは、落ちこぼれること、下層プロレタリアに転落することの怖れに由来しているのです。

今日のヨーロッパ諸国におけるように失業率が高いときには、そして不安定就労が──ブルーカラー・ホワイトカラー労働者はもちろんジャーナリスト、教員、学生など──国民の各層に及んでいるときには、労働はどんな対価を払っても入手したい稀少品になります。この稀少性が労働者を雇用者の意のままにさせるのです。そして雇用者は、毎日私たちが目にするように、こうした事態が彼らにもたらす権力を恣《ほしいまま》に利用するのです。仕事を得るための競争は仕事のなかの競争を伴うことになります。この仕事のなかの競争も仕事のための競争の一形態です。解雇の脅迫に抗して、ときにはどんな代価を払ってでも、仕事を失うまいとする競争なのですから。ときとして企業間の競争と同じくらい野蛮なこの労働者間の競争はまさに万人に対する万人の闘争の元となり、連帯と人間性の価値を破壊し、直接的な暴力をさえ生み出すことになるのです。現在の男女両性すべての人間をシニックだとして慨嘆する者たちは、そのシニシズムなるものを経済的社会的諸条件と関連づけることを忘れるべきではないと思います。そうした諸条件がシニシズムを助長あるいは要求している、また褒賞しているのですから。

こうして不安定就労はその当事者に直接的に作用する(つまり自己動員ができないようにします)と同時に、それが掻き立てる怖れによって間接的に他のすべての労働者にも作用します。例の「弾力性《フレキシビリテ》」(これが経済的な理由と同じくらい政治的な理由で着想されていることは今や明らかでしょう)の導入のような不安定化戦略《プレカリザシオン》がこの怖れを徹底的に利用します。こうして私たちは、不安定就労が錦の御旗「グローバリゼーション」と同一視された経済的宿命の産物ではなく、政治的意志の産物であることに気付きはじめるのです。「フレキシブル」な企業は自分が促進する不安定な就労状況をそれと知って徹底的に利用します。コストダウンを追求するのですが、このコストダウンを労働者を失職の恒常的危険にさらすことによって可能にしようとするのです。こうして、物質的・文化的生産、公共・民間の生産の総体が広大な不安定化の過程に巻き込まれることになります。企業の脱属地化déterritorialisationがその例です。これまでは国民国家あるいは地域に連結していた企業(デトロイトやトリノと自動車産業のように)が次第に国・地域から離脱し「ネットワーク・コーポレーション」になります。つまり、遠く離れた土地に散開する生産単位や技術的ノウハウ、通信網、研修システムを連結することによって、大陸あるいは地球規模の組織になるのです。

資本の移動性と、労働コストの低いもっとも低賃金の国々への「移転」を促進することによってネオ・リベラル政策は労働者間の競争を世界的規模に拡大させました。これまで競争範囲がほぼ国境内に留まっていた国内企業が(国有企業でさえもが)海外市場の制覇に乗り出し、多国籍企業に変身しました。その結果労働者は、もはや単に自分の国の労働者とではなく、あるいはまた、デマゴーグたちが言い張るように国内に移住してきた外国人労働者とでもなく(これらの人々は不安定就労の最初の犠牲者なのです)、貧困すれすれの賃金に甘んじざるをえない、地球の反対側の労働者たちと競争関係に立たされることになったのです。

不安定就労は新しいタイプの支配様式《モード・ド・ドミナシオン》の一環なのです。労働者に従順を強い、搾取を受け容れさせることを目的に全体的・恒常的な不安感を土台とする支配様式です。その結果において初期の野放しの資本主義に似てはいますが、このまったく新しいタイプの支配様式の特徴を表現するために、一人の発言者が「弾力的搾取」flexploitation（flexibilisation「弾力化」とexploitation「搾取」から）という造語を使いました。言い得て妙な表現だと思います。これが表現している現実は不安感の合理的な醸成です。つまり、もっとも先進的な社会的既得権益を蓄積し、労組の抵抗がもっともよく組織されている（これらの特性はいずれも各国の土地と歴史に結び付いた成果です）国々の労働者と社会的な後発国の労働者を、生産空間を周到に操作することをつうじて競争させることによって、抵抗を打ち破ろうとしているのです。そして、一見自然な、それゆえにそれ自体の正当化となっているメカニズムによって、服従と従順を受け容れさせようとしているのです。不安定就労によって植え付けられるこうした従順さはますます大きな「成果」を挙げている搾取――次第に数を増していく働かない人々と次第に数が減っていく、しかしますます長時間働く人々の分化の上に成り立つ搾取――の前提条件です。いわば社会的自然の仮借ない法則に支配されている経済体制として説明されているものは、実は、本来の意味での政治権力の能動的あるいは受動的共犯があってはじめて成り立ちうる政治体制に他ならないと、私は考えています。

この政治体制に対して政治的にたたかうことができます。この闘争はまず、慈善的な、あるいは慈善的・闘争的な形をとることができます。つまり、搾取の犠牲者たち、現在の、また潜在的な不安定就労者すべてが不安定就労の破壊効果に対して共同でたたかうよう励ますのです（彼らが生活する、「持ちこたえる」、互いに支え合う、自己の尊厳を守る、人格破壊・自尊心の喪失・疎外に抵抗するのを助けることによって）。また特に、国際的な規模で、つまり不安定化政策の効果が発現するまさにその規模で立ち上がり、不安定化政策とたたかい、この政策が異なる国の労働者のあいだに持ち込もうとしている競争を無効にするよう励ますのです。しかしまた、私たちの政治的たたかいは労働者たちに旧来の闘争の論理を捨てさせることをめざすべきであると思います。労働を要求する、労働のよりよい報酬を要求することを主とする旧来の闘争は労働者を労働のなかに、また、労働が可能にする搾取（あるいは弾力的搾取）のなかに閉じこめてしまいます。労働の再配分（ヨーロッパ規模での週労働時間の大幅な短縮による）、すなわち、生産の時間と再生産の時間（休息と余暇）のあいだの配分の再定義と不可分の、労働の再配分を視野に入れた新しい闘争の論理を創るのです。

この革命は、人間を問題の解決（言葉のもっとも狭い意味で厳密に経済的な問題の解決）に専念する計算者に還元してしまう狭い意味で計算的で個人主義的な見方を捨てることから始まります。経済システムが機能するためには、労働者がそこに彼ら自身の生産・再生産条件を、そしてまた、経済システムが機能するための条件（企業・労働・労働の必要性などに対する労働者の信念）を持ち込むことが必要です。これらはいずれも、オーソドックスな経済学者の抽象的で偏狭な計算からはアプリオリに排除されてしまっている要因です。彼らは、彼らが理解している限りでの経済が機能するために必要な隠れた経済的・社会的諸条件を生産し再生産する責任を、暗黙のうちに、個人に、あるいは（他方で国家の破壊を説いているのですから）背理的なことですが、国家に帰してしまっているのです。

一九九七年一二月　グルノーブル

◆一九九七年一二月一二・一三日、グルノーブル市で開催された「不安定とたたかうヨーロッパ会議」での発言。

失業者の運動　社会的奇跡

いま進められている失業者の運動はきわめてユニークな、通常でない事態です。新聞やテレビ・ニュースがフランス的例外と騒ぎ立てていますが、このフランス的例外こそは私たちが大いに誇ってよいものです。すべての科学的研究が立証していることですが、失業はそこに追い込まれた者たちを破壊します。彼らの防御と攻撃の意欲を打ち砕きます。そうした宿命論的な傾向を逆転することができたのは、失業者の運動を励まし支持し組織した個人と団体のたゆまざる働きのお蔭です。左翼の政治家や労働組合の幹部たちが、蔭で操っている連中がいると非難したのには呆れました。十九世紀の経営者が創生期の労働組合を非難したのと同じ言葉です。活動家たちの粘り強い努力がなかったら、社会運動なるものはいまだかってありえなかったであろうことは明白ではありませんか。九六年一一月に開かれた「社会運動総結集」に多くの組合と団体が参加しましたが、それらの組合と団体のなかにあって、失業者が立ち上がるという社会的奇跡が起きることに貢献したすべての人々に、私は心からの敬意と感謝を表明します。私には彼らの努力が実を結ぶとはなかなか思えなかっただけに、この気持ちはよけい強いものがあります。今回の社会的奇跡の影響力と恩恵はそう簡単に消え失せることはないでしょう。

今回の運動の第一の成果はこの運動自体です。運動の存在自体です。この運動は失業者を、また、日々その数が増えている不安定就労者を、見えない状態から、孤立から、沈黙から、要するに非存在から、救い出しました。白日の下に再び姿を現すことによって失業者たちは、彼らと同じように非雇用のために普段、忘却と屈辱のなかに追いやられてしまっているすべての男と女たちに、存在とある種の誇りを取り戻させました。しかし、失業者たちが私たちに特に想起させるのは、今の経済的秩序の土台の一つは大量失業と、それがまだ職を持っている者たちに及ぼす脅威なのだ、ということです。エゴイスティックな運動に閉じこもるのでなく、彼らはこう言っているのです。つまり、失業者といってもおそらく十人十色だろうけれども、最低所得受給者と失業保険期間が切れそうな失業者とその他の義捐金を受け取っている失業者との間の違いは、失業者を他のすべての不安定就労者と隔てる違いと、根本的に異なるものではない、と。これは、失業者の（こういう言い方ができるとしての話ですが！）「職種別」の要求だけを強調しすぎると、忘れてしまいがちな、また、忘れさせてしまいがちな基本的現実です。「職種別」要求は、失業者を他の労働者と切り離してしまう危険があります。特に、もっとも不安定な状況にある労働者たちが自分たちは忘れられていると感じる危険があります。

失業と失業者は労働と労働者に亡霊のように付きまとっています。工業、商業、教育、演劇、映画などの分野で働く臨時の、パートタイムの、期間契約の労働者は（失業者との間には、また、彼ら相互の間にも、大きな違いがあるとはいえ）失業を怖れながら、またしばしば、失業を口実にした脅しにさらされながら生きています。不安定就業は支配と搾取の新たな戦略に道を開いています。解雇の脅しを土台にした戦略です。この脅しは民間企業はもちろん公共企業においても、ポストの上下の区別なく、すべてのレベルで使われています。また、この脅しは、労働者の総体の間に、とりわけ文化産業で働く者たちの間に、重苦しい検閲を行き渡らせ、動員と闘争を不可能にしているのです。労働条件の全般的悪化は失業によって可能になり、さらに助長されるわけです。そのことを漠然とながら知っているからこそ、多くのフランス国民が失業者のたたかいに共感し連帯しているのです。であるからこそ（駄洒落ではなく本気で言うのですが）動員不能《デモビリザシオン》の主たる要因になっている存在である失業者たちの動員《モビリザシオン》こそ動員《モビリザシオン》を励まし、政治的宿命観から抜け出させるまたとない要因であるのです。

　フランスの失業者たちの運動は全ヨーロッパの失業者と不安定就労者全体に対するアッピールでもあります。社会変革の新しい考え方が出現しました。これはすべての国の社会運動のたたかいの武器となりうる考え方です。失業者たちがすべての労働者に呼びかけているのは次のことです。労働者の利害と失業者の利害は固く結び付いていること。失業者の存在は労働者の上に、彼らの労働条件の上に、重くのしかかっているが、それは政治の生み出したものであること。それぞれの国のなかで労働者と非労働者を隔てる境界を、そしてある国の労働者・非労働者を他の国の労働者・非労働者を隔てる境界を乗り越えることを可能にするような動員こそが、非労働者を作り出すことによって、多かれ少なかれ不安定な仕事を持っているという不確かな「特権」を享受する者たちに沈黙と諦めを強いる政策を押しとどめることができるのであること。以上が私たちへの失業者のメッセージです。

一九九八年一月　パリ

◆一九九八年一月一七日、エコル・ノルマル・スュペリユールを占拠した失業者たちの前での発言。

アルジェリア難民を受け入れ、彼らの話を聞き、彼らが履歴書を書いて役所で手続きするのを援助し、彼らに同行して裁判所に赴き、行政当局に手紙を書き、代表団の一員となって官公庁に申し入れをし、ビザや認可や滞在許可を申請するために、何年ものあいだ、毎日毎日、働いたすべての人々。一九九三年六月に最初の殺害事件[*28]が起こってすぐ、可能な限りの援助と保護を提供するだけでなく、みずからのため、また他人のために情報を得よう、複雑な現実を理解しよう、また他に理解させようと立ち上がったすべての人々。アルジェリア危機の一面的な見方を許すまいとして集会での発言、記者会見、新聞への寄稿などで倦むことなくたたかってきたすべての人々。無関心あるいは外国人排斥とたたかい、一部の者が意図的に広める誤解を解くことによって世界の複雑さを尊重することの大切さを説くために結集した多くの国の人々。これらの知識人は知ったのだった。彼らのすべての努力はあっと言う間に水泡に帰してしまうことがあることを。

アルジェリア当局あるいは軍がスケジュールとコースを決め、護衛・監視する旅行にもとづいて書かれた〔ベルナール=アンリ・レヴィの〕ルポルタージュ〔一一九頁参照〕。月並みな感想と間違いだらけであるにもかかわらず、また、すべてが短絡的な結論――皮相な同情心を満足させる、人道的な義憤に偽装された人種差別的憎悪を満足させるのにうってつけの結論――に導くように組み立てられているにもかかわらず、フランスでもっとも高級とされる新聞『ル・モンド』に二日間にわたって掲載されたルポルタージュ。メディア・インテリゲンツィアのお偉方と、リベラリズム原理主義者からオポチュニスト環境保護主義者、さらには「原理主義撲滅」を熱狂的に煽る女性[*29]にいたる政治家を集めた大集会。中立を装いながらきわめて一面的なテレビの特別番組。これで万事休す。すべて振り出しに戻ってしまった。否定的知識人は与えられた任務を果たしたのだ。これで、「殺し屋」「強姦者」にあえて連帯を表明する者はいなくなるだろう。そのうえ、これら「殺し屋」「強姦者」は何の歴史的背景の説明もなしに「イスラム狂信者」というレッテルを貼られているのだから。彼らをひと括りにする「イスラム原理主義」l'islamisme という言葉はあらゆる種類のオリエント・ファナティズムの精髄である忌むべき言葉とされ、人種主義的蔑視に対し倫理的・脱宗教的正統性という異論の余地のないアリバイを与える役割を果たしているのである。

アルジェリア問題をこれほどまでに戯画的に描き出すためなら、一流の知識人である必要はない。にもかかわらずこのルポルタージュのお蔭で、この低劣な象徴的警察作戦の指揮者〔レヴィ〕はマスコミから言葉の真の意味での行動的知識人と称えられることになるのである。権力に対する自由、社会通念の批判、短絡的な二者択一の粉砕、問題の複雑性の尊重という知識人の資格を完全に裏切る人間であるにもかかわらず。

そうした手合いを何度も相手にしてきたために事情はよく分かっている人たち、にもかかわらず、それぞれ自分の持ち場で、自分なりのやり方で働き続けている人々の存在を私は知っている。彼らの行動は常に、粗雑、軽率、あるいは悪意に満ちた記事によって無に帰せられてしまう危険にさらされている。また、成果を収める場合はオポチュニストと飛び込み乗車を得意とする徒輩に乗っ取られてしまう危険にさらされている。にもかかわらず彼らは、メディアの無駄なおしゃべりの奔流に押し流されるのを知りながらも、訂正や反論を倦むことなく書き続けるのである。というのは彼らは、失業者の運動——目立たない、あまりに困難であるために政治における「芸術のための芸術」ではないのか、とさえ思われた組織化の努力の成果であった運動——が証明したように、シジフォスの岩といえども、長い時間をかければ、一歩、しかも後退することのない一歩を押し進めることができる、と確信しているからである。

こうした市民運動が存在する一方で、その支援を得て権力の座に就くことができた政治家たちは、市民運動の力を削ぐことに腕を振るい、多くの「違法滞留者」を見捨てたままにしたり、あるいは彼らが逃げてきた国に容赦なく送還しているのである。アルジェリアも含めて。

一九九八年一月　パリ

◆このテクストは一九九八年一月に書かれたが、未発表。

ネオ・リベラリズム——際限ない搾取の（実現途上にある）ユートピア

　支配的言論が説くように、本当に経済世界は純粋で完璧な秩序なのであろうか？　その予測可能な結果の論理を容赦なく繰り広げる、そして、自動的に制裁を加えることによってその論理への違反を抑圧する、あるいはＩＭＦやＯＥＣＤのような武装機関とこれら機関が課する（人件費の圧縮、公共支出の削減、労働市場の弾力化といった）ドラスティックな政策をつうじてその論理への違反を抑圧する純粋で完璧な秩序なのであろうか？　もしこの経済世界が実は、ネオ・リベラリズムというユートピアが現実化したもの、このユートピアが政治プログラムに変換されたものにすぎないとしたら？　ただしユートピアといっても、拠りどころとする経済理論の力を借りて、自己を現実の科学的記述と売り込もうとするユートピアであるが。

ネオ・リベラリズムのユートピアを守護する経済理論は初めから途方もない抽象を土台にした、まったくの数学的虚構である。抽象という操作は、現実をあえて選択的に把握するという、科学研究につきものの対象構築の効果だが、不可避なものとして抽象の権利を擁護する経済学者がおこなう抽象はこれにとどまらない。彼らの抽象とは、個人合理性と同一視された偏狭で固い合理性観を盾に、合理的性向（経済に適用される計算性向という、ネオ・リベラリズムの基礎である性向）の——また、これら性向の発現（より正確に言えば、これら性向とこれら構造の生産と再生産）の条件である経済的・社会的諸構造の——経済的・社会的諸条件を括弧に入れてしまうことにある。教育システムのことを考えてみるだけでも、この除外措置がどんなに途方もないものであるかが理解できるだろう。教育システムが財とサービスの生産においても生産者の生産においても決定的な役割を果たしている時代であるのに、経済理論においては教育システムはそれとしてまったく考慮の対象に入っていないのである。「純粋理論」というワルラス的神話[*30]のなかに書き込まれているこの原初的過ちから、経済学なるもののすべての欠陥と過誤が出てくるのである。また、経済学がその存在すること自体によって存在せしめるところの恣意的な対立――競争を基礎とし効率を原理とする固有の意味での経済論理と公平を基準とする社会論理の対立――に執着する致命的な頑迷さが出てくるのである。

　ところで、その起源からして脱社会化され脱歴史化されたこの経済「理論」は真となる（経験的に検証できる）手段を今日、かつてないほど多く持っている。というのも、ネオ・リベラリズムの言説は他の言説と違うからである。アーヴィング・ゴフマンが記述しているような精神病院における精神医学の言説[14]と同じように、ネオ・リベラリズムの言説は「強い言説」なのである。力関係の世界ですべての力を味方にしているからこそ強く、また打破することが困難な言説なのである。ネオ・リベラリズムの言説はこの力関係の世界を――経済関係を支配する者たちの経済的選択を方向付けることによって、また、こうした力関係をまさしく象徴的な自分固有の力で強化することによって――いまあるようなあり方で形成することに寄与する。政治的行動プログラムに変換された科学的認識プログラムの名において、「理論」の現実化と運行の条件をつくり出すことを狙った壮大な政治的作業（まったく否定的な作業と見えるため、それとして認められることのない政治的作業）が遂行されるのである。それは集団的なものの組織的な破壊プログラムに他ならない（新古典派経済学は、企業についてであろうが、組合や家族についてであろうが、個人しか認めようとしないからである）。

純粋で完璧な市場というネオ・リベラリズムのユートピアへの動きは金融の規制廃止政策によって可能となった。この動きをいっそう促進するために、純粋市場の論理に障碍となりうる集団的構造をことごとく変容する、いや、破壊することを狙った政治的施策がおこなわれた（その最近の例が、外国企業とその投資を国民国家の介入から保護することを目的とする多国間投資協定ＭＡＩである）。これらの政治的施策の標的にされるのは、まず国民国家である。国民国家の自由裁量幅はますます縮小している。次に労働の場におけるグループである。賃金とキャリアが個人の能力に応じて個人化し、その結果、働く者の原子化が進んでいる。第三に労働組合、協同組合など、労働者の権利を守る団体である。家族もそうである。年齢層別の市場が構成されることによって家族は消費に対する影響力を失いつつある。ネオ・リベラリズムの綱領は、株主・投機家・実業家・保守政治家あるいは自由放任《レッセ・フェール》の安穏な無責任に転向した社民政治家、さらには（民間企業の経営幹部と違って、結果責任を負う心配がないだけますます執拗に、彼ら自身の消滅を説く政策を押し付けることに狂奔する）財政官庁の高級官僚などの利益を表現している。したがって、このネオ・リベラリズムの綱領の社会的力はこれらの者たちの政治的・経済的力に由来しているのである。こうしてネオ・リベラリズム綱領は全体として、経済と社会的現実の切断を助長することになる。すなわち、理論的記述に適合した経済システム――つまり、経済的行為者を引っ立てていく強制の連鎖という形をとる一種の論理機械――を現実のなかに作りだすことになる。

金融市場のグローバル化（と情報技術の進歩）のお蔭で、直接的な利益、つまり自分の投資の短期的収益性を心がける投資家（あるいは株主）は、最も大きな企業の収益性をいつでも比較し、これら企業の相対的な不振を制裁することができるようになる。こうした脅威に常にさらされている企業の側も市場の要求にますます敏速に適応しなければならなくなる。さもなければそれこそ「市場の信頼を失う」ことになるからだ。と同時に株主の支持をも失うことになる。短期的な収益性を追求する株主が次第に彼らの意思を経営者（「マネージャー」）に押し付け、財務部門をつうじて指針を決定し、募集・採用・賃金の政策を方向づけるようになる。こうして弾力性が絶対視されることになる。期限付き契約の雇用あるいはは代理雇用、頻繁におこなわれる人員削減である。また、企業内への競争の導入である。自律的な事業部、チームが互いに業績を競わせられる。賃金関係の個人化をとおして個人間の競争が導入される。つまり、個人目標の設定。個人考課のための面接。個人の能力と実績に応じた昇級とボーナス。個人単位のキャリア・プラン。一部の管理職に自己搾取を受け容れさせるための「責任分担化」戦略（上下関係に強く従属したサラリーマンであるにもかかわらず、売り上げ、製品、支店、店舗等の責任を「自営業者」であるかのように負わされている管理職）。管理職にとどまらず、従業員を「参加マネージメント」のテクニックを使って巻き込むことを狙った「自己管理」の押し付け。これらの合理的隷属化のテクニックはいずれも、責任のあるポストにある者たちだけでなくすべての労働者に労働への過剰投資を押し付け、労働を緊急性の圧力のもとに置くことによって、集団的な拠りどころと連帯関係を弱める、いや、廃棄させることを目的としているのである。(15)

こうして不安と苦しみとストレス(16)をバネに仕事と企業に献身するダーウィン的世界が出現したのであるが、それがこれほどまでうまくいったのは、不安感が生み出す不安定化したハビトゥスがこれを助長したからである。そして、階層のすべてのレベルにおいて、管理職の最上層においてさえ、不安定就労によって、また、失業の不断の脅威によって従順化した労働力予備軍が存在するからである。というのも、個人の自由を旗印にしたこの経済秩序の究極の土台は失業と不安定就業の、そして解雇に対する恐怖の、構造的暴力であるからである。個人主義的なミクロ経済モデルが「調和的に」機能する条件と労働への個人的「モチベーション」の原理は究極的には失業者から成る予備軍の存在という大衆現象のなかにあるのである（軍と言うのは実は適切ではない、失業は孤立、原子化、個人化、動員解除、非連帯をもたらすものであるから）。

この構造的暴力は（「契約理論」によって巧妙に合理化され脱現実化されている）いわゆる労働契約にも大きく影響する。現実的な保証をすべて消滅させる（新規採用の四分の三は期限付き、不安定就労の比率は上昇し続け、個人の解雇に対する規制は撤廃される方向にある）ことによって労働者の不断の献身を煽る今の時代ほど、企業が信頼とか協力、忠誠、企業文化などといった言葉を口にする時代はいまだかつてなかった。献身と言ったが、当然これは不確かで曖昧なものである。失業と同様、不安定就労、解雇の恐怖、スリム化が不安や士気喪失、事なかれ主義（いずれも経営側の文書がいつも指摘し慨嘆する欠陥である）を生み出すからである。この、慣性のない、内在的な連続原理のない世界のなかでは、被支配者はデカルト的世界における被造物の立場にある。つまり彼らは、彼らの存在を「連続的に創造する」責任を担う力の恣意的な決定に委ねられているのである。工場閉鎖、投資の引き上げ、海外移転の脅威がそのことを裏付けているし、また、常にそのことを想起させる役割を果たしている。

　不安定な状況にさらされているすべての労働者が抱いている将来と自分自身についての根深い不安感は、予備軍に投げ込まれてしまっている者と就労者との区別の基準が学校教育によって保証された能力にあるという事実から特別の色彩を帯びることになる。この能力はまた、「先端技術」企業内で、管理職あるいは「技術者」と、産業社会の新たな賤民《パリア》である生産ラインの労働者あるいは単能工との間の区別の基準ともなっている。電子機器と情報技術と品質管理が一般化し、すべての従業員が再教育を余儀なくされ、企業内に学校の試験制度に類するものが持ち込まれる状況のなかで、不安感は経営側によって巧妙に醸成される落ちこぼれ意識によって倍加される。職業の世界、それが次第に拡大して社会全体が「能力」の、それどころか「知能」のランキングの上に成り立っているかのようになる。労働関係を操作する技術や従属と服従を受け容れさせるための戦略には細心の注意が払われ、不断の改良が加えられている。また、新しい形の労働力管理と新しい統率技術の不断の追求は人員・時間・研究・労力の多大な投入を必要としている。しかし、今や私企業において、そして次第に官公庁においても、それらの技術や戦略といった要因以上に秩序と規律の根拠になっているのは、学校教育制度によって保証された能力のヒエラルキーへの信仰である。不安定就労を余儀なくされ、失業の屈辱に追いやられる脅威にさらされている労働者が、指揮統率の仕事を約束されている一流校出身の大貴族と、実務を執行するだけの、そして常に実力を証明することを求められているがゆえに首をさらした状態にある事務職・技術職の小貴族との関係で自己規定をおこなうとすれば、彼らが抱きうるのは個人としての自分と、自分の属するグループについての幻滅以外のものではありえない。かつては伝統に深く根を下ろし、豊かな技術的・政治的遺産を継承して、誇りに満ちていた労働者集団は（まだ、それとして存在しているとしての話だが）士気喪失と価値低下、政治的無関心を余儀なくされている。それが活動家の欠乏という形で現れている。さらには、極右政党の主張への加担という絶望となって現れているのである。

このようにしてネオ・リベラリズムのユートピアは一種の時限爆発装置として現実化しつつある。この装置の必然性は支配層にさえ感知されている。たとえばジョージ・ソロスや一部の年金ファンド経営者のように、彼らが行使する力の破壊効果に不安を抱き、ビル・ゲーツ流の慈善行為がそのよい例だが、まさに彼らが否定する論理にもとづいた代償的行動に出たりする。ネオ・リベラリズムのユートピアはこの点でかつてのマルクス主義と多くの共通点を持っているのだが、そのマルクス主義と同じように、このユートピアは強力な信仰、自由取引信仰 Free trade faith を人々の心に植え付ける。金融家や大企業の経営者などのように、物質的にこのユートピアで生きている人々だけではなく、高級官僚や政治家のように、おのれの存在を正当化する理由をこのユートピアから得ている人々もそうなのである。これら高級官僚や政治家は経済的効率の名において市場の力を神聖化する。合理性のモデルに祭り上げられた個人的利潤の最大化を資本の所有者がまったく個人的に追求するのを妨げるような行政的・政治的障碍の撤廃を要求する。独立した中央銀行を要求する。経済を牛耳る帝王たちの経済的自由の要求に国民国家が服従することを説く。そしてそのために、労働市場をはじめとする、すべての市場に対する規制の廃止、財政赤字とインフレの禁止、全公共部門の民営化、公共社会支出の削減を要求するのである。

経済学者たちはネオ・リベラリズム・ユートピアの真の信奉者と経済的・社会的利害を共有しているわけではない。自分たちが数学的理性の衣装で飾り立てているユートピアが及ぼす経済的社会的効果についての彼らの内心の反応はさまざまである。しかし彼らは経済学の界《シャン》において固有の利害関係を持っているがために、ネオ・リベラリズム・ユートピアの生産と再生産に決定的な寄与をすることになる。経済学者は彼らの生活によって、また特に、多くはまったく抽象的・書物的・理論至上主義的な知的形成によって、現実の経済的・社会的世界から遊離した存在である。そのために彼らはかつて哲学者がそうであったように、論理の事象を事象の論理と混同する傾向がある。経済学者は経験的な検証を試みる機会がけっしてないモデルを信頼している。彼らは他の歴史的諸科学の成果を見下す傾向がある。これらの学問のうちに彼らの数学的ゲームの純粋さと水晶のような透明さを見いだすことができないからである。また多くは、それらの学問の真の必要性と深い複雑性が理解できないからである。だからこそ彼らは今進行中の巨大な経済的社会的変動に参画し協力しているのである。この変動が生み出す結果にぞっとすることがあるけれども（社会党にカンパをし、審議会等で党の代表に賢明な助言をおこなうこともあるけれども)、彼らの言う「投機的バブル」に由来するトラブルにもかかわらず、この変動は——彼らが生涯を捧げているすみずみまで論理一貫したユートピア(ある種の狂気に似た)に現実性を付与するものであるがゆえに——彼らにとっては一概に退けがたいものなのである。

だがしかし、現実の世界がそこにある。ネオ・リベラリズムの壮大なユートピアが出現したがための目に見える効果とともに。まずは、経済的にもっとも進んだ国々のますます多くの人々の貧困と苦しみ。収入の格差の急速な増大。商業的利益の追求が主要な関心事となりつつあることによる、映画、出版等、文化生産の自律的部門の、したがって文化的生産物自体の、漸次的消滅。それだけではない。公共 public という理念と連合する普遍的な諸価値の担い手である国家をはじめとする機関——ネオ・リベラリズムのユートピアという時限爆発装置の効果を阻止すべきすべての集合的機関——の破壊である。いたるところ、経済と国家の上層部においても、企業内においても、高等数学と出世競争で鍛えられた勝者を崇拝させ、万人の万人に対する闘争とシニシズムをすべての行動の規範とする道徳的ダーウィニズムがはびこることになる。そして、すべての価値体系の転覆の上に成り立つこの新しい道徳秩序は、国家の最高の代表者たちが彼らの地位の尊厳を投げ捨てて、ダエボウ〔韓国の財閥〕やトヨタのような多国籍企業の経営者の前でペコペコと頭を下げ、ビル・ゲーツの前で微笑と相づちを競い合うという姿でテレビに大きく映し出されるという形で、その生々しい実体を示すことになるのである。

このような政治経済体制が生み出す苦しみの巨大な蓄積はいつの日か破滅への突進を押しとどめる運動の発端になると期待しうるであろうか？　実はここでわれわれはきわめて逆説的な状況を前にしている。新しい世界、つまり孤立した、しかし自由である個人の世界を実現する道に立ちふさがる障碍は今日、硬直した旧弊墨守だとして非難されている。直接的かつ意識的な介入は、特に国家のそれはどんな回路を経たものであれ、おのれ自身の利害を優先させ、経済的行為者の利害を知らない官僚が考え出したものだとして、はじめから評価されず、純粋で透明なメカニズム、つまり市場に任せておくように迫られる（市場もまた利害が働く場であることが忘れられているのだ）。ところが他方では、不安定な状況に追いやられる人々が増大しているにもかかわらず社会秩序が崩壊し混乱を来さないようにしているのは、まさに、旧秩序の――解体の危機にさらされているが、いまだに存続し頑張り続けている——制度とそこに働く者たちなのである。あらゆる種類のソーシャル・ワーカーたちの働きであり、社会的あるいは家族的な、またその他の連帯なのである。「リベラリズム」への移行は大陸の移動と同じく感知できないままに進行するので、その長期的な、もっともおそるべき効果は目に見えない。また、逆説的なことだが、この長期的効果はリベラリズムが今すでに巻き起こしている抵抗によっても隠されているのである。旧秩序を守る者たちは旧秩序が秘めていた可能性のなかに、旧秩序が提供していた援助と連帯の法的なモデルや実際的なモデルのなかに、旧秩序が育成したハビトゥス（看護婦やソーシャル・ワーカーなどの場合）のなかに防衛の手段を見いだしているのである。これらはいずれも、現在の社会秩序をアノミーへの転落から守っている社会資本の蓄積なのである（この資本は、更新され再生産されることがなくなれば、枯渇してしまうことになるが、しかしそれは今日明日の問題ではない）。

こうした「保守《コンセルヴァシオン》」の勢力（これを保守勢力《フォルス・コンセルヴァトリス》として扱うのはあまりに安易である）は別の観点からすると新しい秩序の設置に対する抵抗《レジスタンス》の勢力でもあるのだが、さらに体制変革《スュブヴェルシオン》の勢力に転化する可能性もある。ただし、そのためには条件がある。過去および現在の社会運動の歴史的成果と連結している言葉と伝統と表象の遺産の信用と価値を失わせることを狙ったネオ・リベラル派の「思想家」たちの絶え間ない活動に対して固有の意味で象徴的なたたかいを推進しなければならない。そしてまた、社会運動の成果である諸制度、つまり労働法や社会福祉、社会保障などの制度を——それらを古臭い過去の遺物視する、それどころか信じがたいことだが、無駄な、あるいは受け容れがたい特権と見る動きから——守らなければならないのである。このたたかいは容易ではない。攻守所を異にするたたかいを強いられることも稀ではない。保守あるいは復古をめざした体制変革という逆説的な意図を逆手にとって、保守革命家たちは彼らが革命的と描き出す保守的行動が巻き起こす防衛的反対行動を反動的な抵抗と見せかけるという策略を弄するであろう。そしてまた保守革命家たちは、既得の権利を根拠にした——つまり彼らの退行的な対策（その典型的なものが組活動家の解雇、あるいはもっと徹底して、集団の伝統を保守する古参の労働者の解雇である）によって変質あるいは破壊の脅威にさらされている過去を根拠にした——要求あるいは反逆を「特権」の古臭く時代遅れの防衛として糾弾する巧妙な手を使うであろう。

かくて、それなりの希望を持ち続けることができるとするならば、それは国家の諸機関のなかに、また、そこに働く者たち（とりわけこれらの国家機関に強い愛着を持っている小国家貴族）の性向のなかに、抵抗勢力が今なお存在するからである。彼らは、一見、単に過去の秩序、過去の特権を守っているように見えるけれども（事実、そうした非難をすぐに浴びせられる）、実は圧力を跳ね返すために、別の社会秩序を創出し建設することに努めないわけにはいかない立場に置かれているのである。エゴイスティックな利益と利潤の個人的な追求のみが法となる秩序ではなく、集団的に論議され承認された目標を合理的に実現することをめざす集団が活躍しうるような社会秩序である。こうした団体に入るのはもちろん市民団体、労働組合、政党だが、とりわけ国家の役割が重要である。国民国家、いや、超国民国家、すなわちヨーロッパ国家（これとても世界国家への一段階だが）である。金融市場で挙げた利潤を有効に管理し課税することができる国家。また特に、金融市場が労働市場に及ぼす破壊作用を阻止することができる国家である。そのためにはこの国家は、労働組合の支援を得て、公共の利益 l'intérêt public を定義し擁護することに努めなければならない。公共の利益は、どんなに数字をこねくり回そうが、（ネオ・リベラリズムという新興宗教が人類が達成した最高の成果だという）会計士的世界観（昔なら「食料品屋《エピシエ》」的と言うところだが）からは、けっして出てこないのだから。

一九九八年一月　パリ

原注

（1）様々な状況での発言であることもあり語り口や文体にいっそう統一性がなくなることを覚悟の上で、以下のテキストは時系列的に配列した。発言の歴史的文脈をはっきりさせるためである。私の発言はその歴史的文脈に帰するものではないが、「政治哲学」と称されるものに特有の曖昧で饒舌な一般的言辞とも異なるものである。私の展開した議論を読者がさらに深めることができるように、最小限の参考文献を随所に指示した。

（2）私の関わった共同の発言には次のような集団によるものがある。高等教育と学術研究を考える会（ARESERU）。アルジェリア知識人支援国際委員会（CISIA）。国際作家議会（この機関とは袂を分かった）。これらのうち、「試金石《シボレテ》としての外国人の運命」というタイトルで『リベラシオン』紙に掲載されたもののみを共同執筆者の了解を得て本書に収めた。このテクストの共同執筆者のうち、ジャン＝ピエール・アローだけは同紙上に名前が掲載されたが、クリストフ・ダドゥシュ、マルク＝アントワーヌ・レヴィ、ダニエル・ロシャックの名は載らなかった。この種の検閲は「自由な論壇」と題されている新聞の投書欄を担当するジャーナリストがごく自然におこなう茶飯事である。彼らは著名な人名にまつわる象徴資本を常に追い求めているので、団体の略号だけ、あるいは複数の人間が署名した投書を好まない（これは「集団的知識人」を成り立たせるのを妨げる大きな障害の一つである）。彼らは、自分がよく知らない名前を——了解を得た上で、あるいは（この場合がそうであったが）無断で——削除してしまう傾向がある。

（3） "La souffrance", *Actes de la recherche en sciences sociales*, 90, décembre 1991, 104p. et P. Bourdieu et al., *La misère du monde*, Paris, Éd. du Seuil, 1993

（4） P. Vidal-Naquet, *Les Juifs, la mémoire et le présent*, Paris, La Découverte, tome I, 1981, tome II, 1991.

（5） P. Bourdieu, "Deux impérialismes de l'universel", in C. Fauré et T. Bishop (éds), *L'Amérique des Français*, Paris, Éd. François Bourin, 1992, pp. 149-155.

（6） P. Grémion, *Preuves, une revue européenne à Paris*, Paris, Julliard, 1989 ; *Intelligence de l'anti-communisme, le congrès pour la liberté de la culture à Paris*, Paris, Fayard, 1995

（7） K. Dixon, "Les Évangélistes du Marché", *Liber*, 32, septembre 1997, pp. 5-6 ; C. Pasche et S. Peters, "Les premiers pas de la Société du Mont-Pélerinou les dessous chics du néolibéralisme", *Les Annuelles* (L'avènement des sciences sociales commedisciplines académiques), 8, 1997, pp. 191-216

（8） P. Bourdieu, "Le racisme de l'intelligence", *Questions de sociologie*, Paris, Éd. de Minuit, 1980, pp. 264-268
〔田原音和監訳『社会学の社会学』所収「知能のラシスム」、一九九一年、藤原書店〕

（9） Patrick Champagne, *Faire l'opinion*, Paris, Éd. de Minuit, 1993

（10） ここに挙げた提案の一部は次の書から借りた。Yves Salesse, *Propositions pour une autre Europe, Construire Babel*, Paris, Éditions du Félin, 1997

(11) こうした馴れ合い関係については次の書を参照。S. Halimi, *Les nouveaux chiens de garde*, Paris, Liber-Raisons d'agir, 1997

(12) 次の書ですぐれた分析がおこなわれている。A. Accardo, G. Abou, G. Balbastre, D. Marine, *Journalistes au quotidien, Outils pour une socioanalyse des pratiques journalistiques*, Bordeaux, Le Mascaret, 1995

(13) P. Bourdieu, *Travail et travailleurs en Algérie*, Paris-La Haye, Mouton, 1963 (avec A. Darbel, J. -P. Rivet, C. Seibel) ; *Algérie 60. Structures économiques et structures temporelles*, Paris, Éd. de Minuit, 1977〔原山哲訳『資本主義のハビトゥス』一九九三年、藤原書店〕

(14) E. Goffman, *Asiles. Études sur la considtion sociale des malades mentaux*, Paris, Éditions de Minuit, 1968

(15) この点については「労働における新しい支配形態」を特集した *Actes de la recherche en sciences sociales* の一一四号（一九九六年九月）と一一五号（一九九六年一二月）を参照。特に次の総論 Gabrielle Balazs et Michel Pialoux, "Crise du travail et crise du politique", no. 114, pp. 3-4

(16) C. Dejours, *Souffrance en France. La banalisation de l'injustice sociale*, Paris, Éd. du Seuil, 1997

訳注

＊1　École Nationale d'Administration（ENA）「国立行政学院」。この学校出身の高級官僚を énarque「エナルク」と通称する。

＊2　la chose publique「公事」はラテン語の res publica の訳。la république「共和制（政）」の語源も res publica。

＊3　ミッテラン大統領（一九八一―一九九五年）は友情に厚いとしてしばしば称賛された。この時期、政界・官界・国営企業の要職を占めた多くの者たちはマスコミによって大統領の「個人的な友人」と指摘された。

＊4　「アナウンス効果」effets d'annonce は、たとえば実体のない、実行されない政策を派手に公表することによって得られる効果。文化相を務めたジャック・ランクがよく使ったとされる。

＊5　一九九〇年三月一五―一八日にレンヌ市で開催された社会党大会では、主導権を争うジョスパン、ファビウス、ロカール三派の間の対立が頂点に達した。

＊6　当選後とか何らかの国家的記念日に、大統領が選挙違反や汚職を帳消しにする特赦措置。

＊7　"L'économie de la maison", *Actes de la Recherche en Sciences Sociales*, 81-2, mars 1990 を参照。

＊8　政治学院、とくにパリ政治学院で生産され教育される思想。国立行政学院（ＥＮＡ）には政治学院卒業生が多い。

＊9　Luc Ferry et Alain Renaut, *La Pensée 68*（邦訳『六八年の思想』、法政大学出版局）

＊10　Karl Kraus（1874-1936）　オーストリアの批評家・劇作家。戯曲『人類最後の日々』などでオーストリア社会を諷刺。

＊11　一九九三年三月の国民議会選挙で社会党は大敗し、ミッテラン大統領の下、第一次保革共存内閣（一九八六―八八年、シラク首相）に続いて第二次保革共存内閣が成立する運びになった。シラク（一九三二年生まれ）は二年後の大統領選の準備に専念することを選び、「三〇年来の友人」であるエドワール・バラデュール（一九二九年生まれ）を自分の代理とし内閣を任せた。ところが、安定した政権運営に成功して自信を付けたバラデュール首相は大統領選出馬を決意、シラクと保守派の支持を争うことになった。保守政党の有力政治家たちは続々とバラデュール支持にまわり、各種世論調査でもバラデュールがシラクに対しても、予想される社会党の候補たちに対しても圧倒的に有利の情勢が続き、当選は間違いないものと信じられていた。こうしたなかで有力週刊誌『エクスプレス』は九五年一月一九日号で二一ページを割いてバラデュール特集を組み、その生い立ちから経歴を写真入りで詳細に伝え、官界・財界・政界・知識人界のブレーンを列挙し、当選後の内閣の陣容までを予想して見せた。バラデュールに肩入れした『エクスプレス』誌のこの特集号にソレルスが"Balladur tel quel"（「あるがままのバラデュール」）という一文を寄せたのである。皮肉かつ揶揄的な口調でド・ゴール、ポンピドゥ、ジスカール＝デスタン、ミッテランの第五共和制歴代大統領、そしてシラクと比較しつつ、醒め

た現実派バラデュールの提灯をちゃっかりと持った内容である。フランス文学界のボス的存在であるフィリップ・ソレルス（一九三六年生まれ）は『挑戦』（五七年）、『奇妙な孤独』（五八年）で小説家として華々しくデビュー（前者はモーリヤック、後者はアラゴンから賞賛された）した後、六〇年、季刊文芸誌 "Tel quel"『テルケル』（「あるがまま」の意）をスーユ社から創刊。この雑誌はヌーヴォー・ロマンや構造主義言語・文学理論の拠点となった。ロラン・バルト、ジャック・デリダ、ピエール・ブーレーズ、ジュリア・クリステヴァ（六七年、ソレルスと結婚）らも寄稿。六〇年代後半には政治色を強め共産党に接近したが、七一年以降は毛沢東主義の立場を取るにいたった（七四年に代表団が訪中）。その後は革命路線を放棄し、米国、ジョイス、神学、スターリン主義批判などの特集号を組んだりした。その後、ソレルスは八二年、スーユ社からガリマール社に移り、"L'infini"『無限』を創刊し、若い小説家や評論家に対する影響力を保持している。『リベラシオン』へのブルデューの投稿文のタイトル "Sollers tel quel"「あるがままのソレルス」はもちろん、ソレルスを主幹とした季刊誌 "Tel quel" と、『エクスプレス』誌へのソレルスの寄稿文のタイトル "Balladur tel quel" に引っかけている。

＊12　「共和制の立場」に立たない極右勢力「国民戦線」の党首ルペンは除かれる。

＊13　パスクワ法　　第二次保革共存バラデュール内閣の内務大臣シャルル・パスクワが制定した弾圧的な移民法。

＊14　schibboleth　　ヘブライ語で「穂」の意。ギレアド人がsh［ʃ］を発音できないエフライムの落人《おちうど》を摘発するためにこの語を言わせた。旧約聖書『士師記』一二章四の六から。

＊15　Johann Gottfried von Herder（1744-1803）　　ドイツの思想家。シュトルム・ウント・ドラン

グ運動の理論的指導者。国民文学を称揚。

＊16 フランスの高等教育機関は les Grandes écoles（「大学校」）と総称される機関と université「大学」（または faculté「学部」）に大別される。前者はエコル・ポリテクニックやエコル・ノルマル・シュペリユールに代表されるが、バカロレア（大学入学資格試験）取得後、さらに二年間、予備クラスで学習した後、コンクール（＝入学試験）を受けて入学する。国立の場合は準公務員の資格を認められ、手当を支給される。国立行政学院のように、他のグランゼコルや政治学院を修了後に受験する学校もある。大学・学部はバカロレアを取得していれば、原則的に、どこでも入学できる。

＊17 P. Bourdieu et al., "L'économie de la maison", *Actes de la Recherche en Sciences Sociales*, 81-2, Mar. 1990

＊18 Pierre Bourdieu, *La misère du monde*, Éditions du Seuil, 1993〔邦訳藤原書店近刊〕

＊19 radical chic は、アメリカのジャーナリスト、トム・ウォルフの造語。富裕層にもてはやされる左翼急進派とその言説を指す。

＊20 一九三三年一月、ヒトラー、政権掌握。二月、国会放火事件。共産党禁止。四月一日、「ユダヤ・ボイコットの日」。

＊21 キリスト教人格主義の思想潮流を代表する月刊誌。九五年、ジュッペ首相の社会保障制度改革法案を支持する知識人アッピールの推進役を果たした。

＊22 Julien Duval et al. *Le "décembre" desintellectuels français*, Liber-Raisons d'Agir, 1998 は『エスプリ』誌が中心になって推進されたこの「専門家アッピール」を「社会学的」に分析している。

＊23 Raisons d'agir（「行動する理由」の意）はブルデューを中心とする研究者グループがつくった

出版社。本書を含む小冊子コレクションを刊行している。
＊24　一九九九年三月ＣＧＴは三六番目の連合団体としてＣＥＳに加盟が承認された。
＊25　ダニエル・ロンドーがおこなったジョニー・アリデのインタビューに二ページを費やした（一九九八年一月七日付）。
＊26　ケルカル　一九九六年にＴＧＶ列車爆発事件を起こしたテロリスト集団の一員。逃走中に警官隊に射殺された。
＊27　「改悛の念」　フランス国民であるユダヤ教徒を逮捕し収容所に送ったヴィシー政府の責任を認め「改悛の念」を表明したシラク大統領、またホロコーストに対し曖昧な態度に終始したことに「改悛の念」を表明したカトリック教会への言及。
＊28　総選挙でのイスラム原理派の勝利を怖れた軍部とＦＬＮ（民族解放戦線）が選挙を中止、イスラム解放戦線（ＦＩＳ）を非合法化した。それ以来、アルジェリアでは原理派によるテロと権力側の弾圧により多くの人命が失われている。
＊29　ハリダ・メサウディのこと。Khalida Messaoudi, Elisabeth Schemla, *Une Algérienne debout : entretiens*〔あるアルジェリア女性の怒り――対談〕、Flammarion, 1995
＊30　Auguste Walras（1800-66）　フランスの経済学者。経済学に数学を応用することを試みた先駆者の一人。

訳者解説

Est-ce qu'on peut se taire
quand on pense qu'il y a urgence ?
——Pierre Bourdieu,
Propos sur le champ politique, p. 47

今年（二〇〇〇年）の一月はじめ、わたくしはパリでピエール・ブルデューと議論する機会を持ったが、日本の思想状況や政治・社会状況を説明するわたくしに「ペシミスティックになるのは間違いだ」と言った。わたくしが不意を突かれた感じの表情をしたのだろう。それを見逃さず彼は付け加えた。「自分が五年前にグローバリゼーションを批判した時は誰も聞く耳を持たない状況だった。それが今はどうだ。シアトルがよい例だが、人々が立ち上がっている。わたくしの発言はヨーロッパだけでなく南米諸国の社会運動にも強い影響を及ぼしている。現実は不変不動ではない。変わりうる。言葉は山を動かす力を持っているのだ」と。

社会の動向についてブルデューがこのようなオプティミスムを表明する根拠になったのは言うまでもなく二冊の小冊子、『市場独裁主義批判』と『メディア批判』が持ったインパクトである。後者はブルデューがコレージュ・ド・フランスのテレビ講座でおこなった講義の記録である。前者、すなわち本書は一九九二年から九八年の間におこなったブルデューの社会参加《アンガージュマン》の軌跡である。

知識人の社会参加

『市場独裁主義批判』の英訳（そのタイトルは *Acts of Resistance — Against the Tyranny of the Market*）の裏表紙の紹介によると『ニューヨークタイムズ』紙はピエール・ブルデューを「今日のフランスにおけるサルトル」と評したという。今年二〇〇〇年はサルトル没後二〇年に当たるので、フランスでは主要な日刊紙や週刊誌が特集を組み、いくつかの評伝や研究書が出たが、最近のブルデューの多方面における「急進的」言動をかつてのサルトルのそれに比する論評も少なくなかった。

しかしブルデューは長い間サルトル的な社会参加《アンガージュマン》の形態を「預言者的知識人」intellectuel prophétique として批判してきた。発言する自分の立地を問わずに大所高所から、あるべき社会、来るべき社会についての福音を説く姿勢はブルデューの現実主義者的性向にも、科学的合理主義的社会学の規律に忠実であろうとする彼の学問的志向にもなじまないものであったからであろう。現実を越えた高みに位置しているつもりでも、実際にはさまざまな過ち、妥協は避けられない。サルトルもその例外ではなく、ソ連の出先機関的なフランス共産党の道連れ《コンパニョン・ド・ルート》、同調者から第三世界主義者、さらには毛沢東派の後見役ないしサンドイッチマン、最後にはベトナムのボートピープル支援のヒューマニストというジグザグな歩みを辿った。五〇年代、六〇年代フランスの多くの若者たちが「レイモン・アロンと共に正しくあることよりはサルトルと共に間違うこと」を選んだのに対し、ブルデューはむしろアロンと共に正しくあることを選んできたのであった。

同じ理由からブルデューはグラムシが説いた「機関的知識人」intellectuel organique という在り方を自家撞着、ノン・サンスとして否定する。知識人 intellectuel という語と批判的 critique という語は不可分離である。というよりは「批判的」はもともと「知識人」に含意されている。党に自己を疎外した官僚が「知識人」であるはずがない。

知識人の在り方でブルデューが更に痛烈に批判するのが「エッセイスト」である。つまり、それぞれの専門の「界」でその学問的業績によって同業者から認知され評価されているよりは、時局評論的な、あるいは観念の遊戯的な「エッセー」によって世間的に知名度の高い「哲学者」（ベルナール＝アンリ・レヴィ、アンドレ・グリュックスマン、レジス・ドブレ、アラ

ン・フィンケルクロートら）や「社会学者」（エドガール・モラン、ジャン・ボードリヤールら）である。(1)

ブルデューは安易な社会参加を拒否し――アルジェリアの労働者や農民、カビリアの社会、フランスの学生と文化、フランス人の文化行動、趣味と社会分化、知識人界、文学界、国家官僚というように、対象とする領域は多様をきわめているが――一貫して詳細・緻密な調査に基づいた研究を積み重ね、力動的な構造主義的社会理論を構築するという禁欲主義的な態度を堅持してきたのである。

ただし、自分の仕事に関わりのある比較的限られた範囲では、具体的・実効的な運動を積極的に組織し推進していたことは指摘しておく必要がある。彼のもとに集まってきた若い研究者たちと共に「高等教育と研究を考える会」（ＡＲＥＳＥＲ）をつくり具体的な提言をおこなっている。内外の知識人に呼びかけて「アルジェリア知識人支援国際委員会」（ＣＩＳＩＡ）をつくり、イスラム原理主義を掲げる政党「イスラム救国戦線」（ＦＩＳ）を非合法化した、軍を主体とする強権体制のもとで、テロと弾圧の交錯するアルジェリアから亡命を余儀なくされた知識人を保護する活動を組織した。また、サルマン・ラシュディらと共に国際作家議会を組織し、言論・創作の自由を擁護するシンポジウムを開催し、迫害を逃れてきた作家やジャーナリストを保護するネットワークをつくった。

ブルデューの自己批判

社会参加について自己抑制的な姿勢が変化したのは一九九三年に出版された『世界の悲惨』がきっかけであることは一般に認められているだけでなく、ブルデュー自身が認めている（たとえば『情況』九九年十二月号「『世界の悲惨』から国際社会運動へ」（石崎晴己によるインタビュー）を参照）。

しかしブルデューがより積極的な形での社会への介入を考え始めたのはもう少し早く、『世界の悲惨』の素材となる調査が進行中のことであったと思われる。そのことをはっきり証すのが「九〇年三月十四日、ローマ」の注記がある「政治の独占と象徴革命」と題する短い文章（*Propos sur le champ politique* 所収）である。「科学的社会主義」「民主集中制」「プロレタリア独裁」「機関的知識人」といった「政治的言説と行動を独占的に操作することを正当化するために不可欠の道具」を使って権力を独占してきたソビエト主義のメカニズムを分析し、一九八九年のポーランドやドイツ、チェコスロバキアなど東欧諸国の革命は「レーニン・スターリン主義の党官僚による政治の独占」に対する象徴革命であったと意味づけた後、ブルデューは、その誕生時に社会主義と臍の緒で結ばれていた社会学は科学としての自律性を確立するために自己純化に努めてきた（デュルケーム、ヴェーバーら）わけであるが、いまや本来の「ユートピア機能」fonction utopique を回復しなければならないと説き、自己批判をおこなっているのである。
「やや単純化して言えば、社会科学は科学という地位《スティタス》へのアクセスの代償としてある大きな犠牲を払ったのであった。みずからの四肢を切断するに等しい自己検閲によって社会学者たち（私を先頭として。というのも私はしばしば予言者志向と社会哲学の誘惑を告発してきたのであるから〔傍点は引用者〕）は、社会についての理念的でグローバルな表象〔傍点部は原文で斜体〕を提示するすべての試みを、科学のモラルにたいする侵犯であり科学研究者の恥として、退けなければならないと考えてきたからである。」
しかしながら「人々が考えるように、自律とアンガージュマンの間に、分離と協同の間に二律背反《アンティノミー》はない。対立を孕んだ批判的協同というものがありうる。党機関の文化生産者、職業的イデオロギーに他ならない「機関的知識人」なる幻想とは違って、真の知識人とは分離の中での協同を確立することができる者のことである。機関にすべてを負っている（ときには言語学の領域に口出しをしたスターリンのように、知的な権威までをも）者たちとは違って、真の知識人は、固有の意味で知的な権威と、みずからの責任において敢えて政治に介入する資格を（一部のエッセイストのように自分の政治的発言やジャーナリスティックな自己顕示にではなく）ただ自分自身と自分の学問的業績に負っているのである（多くの先人のある中、最近の例で言えばチョムスキーやサハロフのように）。」

フランス知識人の十二月

ブルデューが指導する研究グループがフランス社会のさまざまな階層に属する人々を対象におこなったインタビュー記録とそれを分析した論文を集めた『世界の悲惨』は九〇〇ページを越す大著であるにもかかわらず一〇万部を越すベストセラーとなった。腐蝕が進みつつあったミッテラン社会党体制末期のフランス社会に大きく深い亀裂が走っていることをブルデュー自身にも理解させたこの書物は個々の苦しみ・悲惨の社会的性格を人々に意識化させる役割を果たしたと言えるであろう。

九五年年五月、まさにその「社会の亀裂」la fracture sociale の解消をスローガンにして当選したシラク大統領は半年後の十月には早くも市場の意向を読み取り、「赤字財政の立て直しより、まず景気回復」という公約を破棄して、緊縮予算と、巨額の赤字を抱える社会保障制度の改革(つまり増税)の方針を打ち出した。ジュペ首相がこの方針を具体化した法律案を国民議会に提出するに及んで、定年退職制度の改善を要求する国鉄労働者のストライキが導火線になり、十一月から十二月にかけての三週間、鉄道、電気・ガス、電気通信、郵便、教育、医療など公共部門の労働者が参加する、六八年五月以来の大規模なストライキ運動が全国的に展開された。カトリック系の総合誌『エスプリ』がイニシアティヴを取った、社会保障制度改革の政府案を支持する署名運動に社会党系を含む多くの知識人、専門家、高級官僚が賛同する状況の中で、ブルデューはパリのターミナル駅のひとつであるリヨン駅に赴き国鉄労働者たちの集会で発言し、自分が中心となってつくったグループの連帯を伝え激励した。

九五年十二月のフランスのストライキは、その後各国で、また特にシアトルのWTO会議やダボス会議の際に盛り上がった反グローバリゼーション運動の先駆けをなすものであったと位置づけることができる。

このとき以来、ブルデューは失業者、ホームレス、違法滞在者たちの運動を積極的に支援する（失業者たちがブルデューの母校であるエコル・ノルマルを占拠したときも激励に駆けつけた）一方、ドイツ、ギリシアなどの大学や労組の招請に応えて、「際限のない搾取の（実現途上にある）ユートピア」に他ならないネオ・リベラリズムを、「幸福の経済学」「現実主義的ユートピア」「理性の現実政策《レアルポリティーク》」の名において、倦まずたゆまず糾弾して回っている。こうした発言をまとめたのが『市場独裁主義批判』（原題 *Contre-feux*「向かい火」）であり、フランスで一〇万部を越すベストセラーになっただけでなく、英語、スペイン語、ドイツ語等に翻訳され、ヨーロッパだけでなく南米諸国でも反グローバリゼーションの社会運動のバイブルになっている。

集団的知識人

本書は、ブルデューがつくった Raisons d'agir「行動する理由」という名の出版社から出ているる、一二〇〜三〇ページのコンパクトな文庫サイズ、三〇フランの廉価を方針とするシリーズの一冊なのだが、やはり彼の書いた『メディア批判』(原題 *Sur la télévision*「テレビについて」)も一五万部を越す反響を呼んだ。視聴率競争と部数競争に支配されるテレビや新聞がおこなう目に見えない検閲のメカニズムと、この第四の権力が政治はもちろん、芸術や文学、思想にまで及ぼす支配を仮借なく分析し、市民の目を開かせる大きな役割を果たした。(2)

『市場独裁主義批判』の「日本の読者へ」のメッセージに述べられているようにブルデューの社会参加の顕著な特徴をなすのは「集団的知識人」intellectuel collectif として行動しよう、「集団的知識人」を現実化、実体化しようという一貫した志向である。同志とともに集合体をつくり、現実的な目標を定め、実効的な行動を企画する。ただし政党や職業的専門家が市民から委任されて代表者、代弁者、代行者になる方式は拒否する。共産党が蔭で糸を引いて知識人の運動を組織するという、サルトルを含む多くの知識人が利用された戦後フランスの伝統的な運動形態に対する社会学者としての観察と経験にもとづく冷徹な知恵と言えよう。

本書に収められたテクストが発言された場所と相手についても注意をうながしたい。もちろん新聞に載ったテクストやインタビューがある。しかし場所はフランス国内だけでなくドイツ、ギリシア、相手はシンポジウムの聴衆だけでなく、労働組合員であるテクストもある。このようなところにもブルデューが常に、集団的で実効的な運動を追求していることが現れている。

自己顕示、売名を拒否し、「集団性」にこだわって実効性を追求するブルデューの姿勢はまた、国際性に配慮する彼の方針にもつうじることになる。従来から *Liber* という国際書評誌を出していたこともその現れである。前述の、アルジェリアやその他の地域で迫害の対象になった知識人やジャーナリストに住と食を提供する運動でも、常にヨーロッパ・レベルでの国際性をめざしていた。今年（二〇〇〇年）四月に反ネオ・リベラリズム・インターナショナルの運動を呼びかけた「二〇〇〇年憲章」Charte 2000 というアッピールも「ヨーロッパ社会運動」の創出をめざし、インターネット（info.F@raisons.org）で賛同署名を募り、趣旨に添った行動を各地で企画することを求めているのである。

ブルデューを読めば日本が分かる

いまフランスで経済学者とジャーナリストが書いた *La Bourse ou la vie !* という本が話題になっている。このタイトルは文字どおりには「財布か命か」という意味である。「金を出せ、さもないと命がないぞ」と強盗が脅すときのセリフであるが、実は la Bourse と頭文字を大文字で書くと「株式市場」のことになる。だからこのタイトルは「株式市場の論理に従え、さもないと命がないぞ」という意味なのである。フランスは一九九七年以来、社会党を中心とする左翼連合政府が統治しているが、この政府はそれ以前の保守政府よりも公共部門の民営化に熱心に取り組んでいる。話題の本はそうした「左翼」政府のもとで、「健全」財政、柔軟な通貨政策、市場の規制緩和、貿易の自由化、雇用の弾力化を説く「ニュー・エコノミー」がフランスでいかに不平等を拡大し、人々の仕事と生活を不安定にしているかを具体的に明らかにしているのである。ブルデューが言うように「ネオ・リベラリズムの侵略はいまやどの国にも及んでおり、どこでも同じような害悪をもたらしている。」ブルデューは直接的にはフランスの、あるいはヨーロッパの状況を語っているのだが、実はわたくしたちの国の状況をも語っているのである。

「ブルデューを読めば日本が分かる」というのがわたくしの持論である。日本の代表的メディアと自他共に許す新聞の社会面・家庭面（つまりメディアの「左手」）には過労死、リストラで解雇された人々の自殺や苦難を伝える記事、就職活動に疲れて電車に飛び込んだ学生のニュースが載っている。その同じ日の新聞の別のページでは自分が定期的に担当するコラムで「グローバリゼーション」「ニュー・エコノミー」の旗を振り、「グローバル・スタンダード」「グローバル・リテラシー」を伝道する大物記者（メディアの「右手」）の得意げな論文が幅を利かせている。ダメな政治家に代って日本の進路を国民に、いや政治家にも教示しているつもりなのだろう。あるいはまた「日本で、いや世界でも初めてといってよい、画期的な経済学の入門書」と銘打ったベストセラー本の末尾には「最後まで投げ出さずにここまで〔本書〕を読み進まれた読者に乾杯！二十一世紀に求められる人物が、マーケットのもつ本当の意味を熟知した、この本の読者のなかから生まれてくることを私は心から念願しています」と書いてある（傍点引用者）。若い人々に対する励ましであるよりは、まさにブルデューの言う「象徴暴力」の一形態に他ならないのではあるまいか。

「市場の論理」という単一思考に支配されているこの国の市民、とりわけ「ニュー・エコノミー」イデオロギーの犠牲になって解雇されたり、リストラの脅迫にさらされている人々、特に二十一世紀の世界を生きなければならない若い人々にこの『市場独裁主義批判』と『メディア批判』という「紙の爆弾」を読んで欲しい。そして、繰り返しになるが、このような本がフランスで前者は十万部、後者は十五万部売れたことの意味や理由、その社会的・文化的背景に思いを馳せて貰いたいと思う。

この本がこの国で一定の反応を惹き起こさないとしたら、この国の将来は明るくない。

二〇〇〇年六月

加藤　晴久

注

（1）ブルデューが共感をもって見守ったほとんど唯一の社会参加の形態はミシェル・フーコーのそれである。ブルデューは一九八一年にポーランドの労組「連帯」を支援する署名運動をフーコーと共に組織した。また、ブルデューが同性愛者の運動に社会変革のひとつの契機をみていることは『男性支配』などに読み取れる。

（2）このシリーズではこれまで他に次のような本がでている。権力・金力にすり寄り、仲間同士持ち上げ合うメディア知識人たちの実態を暴いた、セルジュ・アリミらの『現代の番犬たち』（二〇万部のベストセラーになった）。一九九五年十二月のストライキをめぐる知識人「界」を分析したデュヴァルらの『フランス知識人の《十二月》』。ARESERによる『危機にある大学のための診断と緊急の療法』。市場の論理の普及宣伝に励む御用学者たちを批判したケイト・ディクソン『市場の伝道者たち』。サッチャー路線の忠実な相続人ブレアを批判したケイト・ディクソン『立派な継承者』。自然科学の生かじりの知識を利用して箔付けをする哲学者を批判したジャック・ブヴレス『アナロジーの驚異と幻惑』。アメリカを模倣して各国で進行する警察国家化の実態を暴いたロイック・ワカント『悲惨の監獄』。

（3）ブルデューの社会理論は「特殊フランス的」である、「ローカルで普遍性がない」というような愚なことを言う向きがあるが、それがどんなに愚なことであるかを示すために、アメリカのもっとも優秀な、もっとも良心的な大学人が本書の英語訳版に寄せた推薦の言葉を原文と共に以下に転記しておこう。

« Bourdieu once again selects the right targets and, as always, has much to say that is incisive and enlightening. »

——**Noam Chomsky**, author of *Manufacturing Consent*

「今回もまたブルデューは正しい標的を選び、いつものように鋭く啓発的な発言をおこなっている」

——**ノーム・チョムスキー**（『同意の製造』の著者）

« Bourdieu hits hard, but he has never been more on point. »

——**Robert N. Bellah**, author of *Habits of the Heart*

「ブルデューは痛烈である。しかしこれまでにもまして核心を突いている」

——**ロバート＝ニーリー・ベラ**（『心の習慣』の著者）

« Pierre Bourdieu here... mounts a spirited charger for combat with the forces of inequality, exploitation, obfuscation, and cant. »

——**Charles Tilly**, author of *Durable Inequality*

「ピエール・ブルデューは本書で不平等・搾取・蒙昧・憶説の勢力とたたかうための強力な武器を提供している」

——**チャールズ・ティリー**（『消滅しない不平等』の著者）

« *Acts of Resistance* is informed by a great sociologist's analytical engagement with contemporary society and offers a powerful working logic to those attempting to change its course. »

——**Rick Fantasia**, author of *Cultures of Solidarity*

「『市場独裁主義批判』はすぐれた社会学者の現代社会への分析的アンガージュマンの成果であり、社会の流れを変えようと試みる人々に強力な行動論理を提供している」

——**リック・ファンタジア**（『連帯の文化』の著者）

« Wide-ranging, determined, and fearless... Bourdieu sounds a call for social scientists to join actively in shaping the future. »

——**Viviana A. Zelizer**, author of *The Social Meaning of Money*

「幅広い発言を果敢かつ大胆に展開するブルデューは未来をつくる仕事に積極的に参加するよう社会科学者に呼びかけている」

——**ヴィヴィアナ・A・ゼリザー**（『貨幣の社会的意味』の著者）

訳者紹介

加藤 晴久（かとう・はるひさ）

1935年、東京都生まれ。東京大学・恵泉女学園大学名誉教授。訳書に、P・ブルデュー『実践理性』（共訳）、編訳書に『ピエール・ブルデュー　1930-2002』（共に藤原書店）、著書に『憂い顔の『星の王子さま』』（書肆心水）などがある。

シリーズ〈社会批判〉

市場独裁主義批判《しじょうどくさいしゅぎひはん》

2000年 7月30日　初版第1刷発行©
2007年12月30日　初版第3刷発行

訳　者　加　藤　晴　久
発行者　藤　原　良　雄
発行所　株式会社　藤原書店

〒162-0041　東京都新宿区早稲田鶴巻町 523
TEL　03（5272）0301
FAX　03（5272）0450
振替　00160-4-17013

印刷・美研プリンティング　製本・協栄製本

落丁本・乱丁本はお取り替えします
定価はカバーに表示してあります

Printed in Japan
ISBN978-4-89434-189-0

趣味と階級の関係を精緻に分析

ディスタンクシオン

〈社会的判断力批判〉I・II

P・ブルデュー　石井洋二郎訳

ブルデューの主著。絵画、音楽、映画、読書、料理、部屋、服装、スポーツ、友人、しぐさ、意見、結婚……。毎日の暮らしの「好み」の中にある階級化のメカニズムを、独自の概念で実証。

第8回渋沢クローデル賞受賞

A5上製　I五一二、II五〇〇頁
各五九〇〇円（一九九〇年四月刊）
I◇4-938661-05-5　II◇4-938661-06-3

LA DISTINCTION　Pierre BOURDIEU

〈附〉主要著作解題・全著作目録

構造と実践

〈ブルデュー自身によるブルデュー〉

P・ブルデュー　石崎晴己訳

新しい人文社会科学の創造を企図するブルデューが、自らの全著作・仕事について語る。行為者を構造の産物にして構造の再生産者として構成する「プラチック」とは何かを、自身の「語られたものごと」を通して呈示する、ブルデュー自身によるブルデュー。

A5上製　三七六頁　**三六八九円**
（品切）（一九九一年一二月刊）
◇4-938661-40-3

CHOSES DITES　Pierre BOURDIEU

「象徴暴力」とは何か？

再生産〈教育・社会・文化〉

P・ブルデュー、J-C・パスロン
宮島喬訳

『遺産相続者たち』（ ）にはじまる教育社会学研究を理論的に総合する文化的再生産論の最重要文献。象徴暴力の諸作用とそれを蔽い隠す社会的条件についての一般理論を構築。「プラチック」論の出発点であり、ブルデュー理論の主軸。

A5上製　三〇四頁　**三七〇〇円**
（一九九一年四月刊）
◇4-938661-24-1

LA REPRODUCTION　Pierre BOURDIEU et Jean-Claude PASSERON

初の本格的文学・芸術論

芸術の規則 I・II

P・ブルデュー
石井洋二郎訳

作家・批評家・出版者・読者が織りなす象徴空間としての〈文学場〉の生成と構造を活写する、文芸批評をのりこえる「作品科学」の誕生宣言。好敵手デリダらとの共闘作業、「国際作家会議」への、著者の学的決意の迸る名品。

A5上製　I三一二、II三二〇頁
I四一〇〇円、II四〇七八円
（I一九九五年二月刊 II一九九六年一月刊）
I◇4-89434-009-7　II◇4-89434-030-5

LES RÈGLES DE L'ART　Pierre BOURDIEU

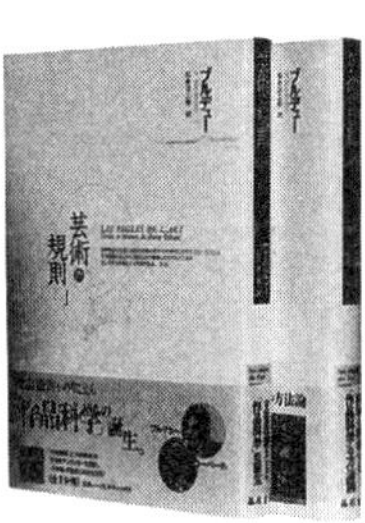

1989年11月創立 1990年4月創刊

一九九五年二月二七日第三種郵便物認可　二〇〇七年一一月一五日発行（毎月一回一五日発行）

月刊
機
2007
11
No. 189

発行所　株式会社 藤原書店 ©
〒一六二-〇〇四一 東京都新宿区早稲田鶴巻町五二三
電話　〇三・五二七二・〇三〇一（代）
FAX　〇三・五二七二・〇四五〇
◎本冊子表示の価格は消費税込の価格です。

編集兼発行人
藤原良雄
頒価 100 円

世界の中で行動し発言する作家小田実は、何と闘ってきたのか？

われわれの小田実
——追悼・小田実——

写真提供・共同通信社

抑圧された人びとへの優しいまなざしとともに、社会の矛盾に対する批判と変革への強い意志を、生涯保ち続け闘った作家小田実。

今月刊行の『環』31号では、「元『ベ平連』代表で、反戦、反核など国際的な市民運動家」だけでは捉えきれない、今もわれわれの中に生き続ける小田実の死を悼む、米・独・蘭をはじめとする欧米諸国やアジアの人々の声を特集しました。

その中から、友人であった韓国を代表する詩人、高銀氏の追悼詩を掲載します。

編集部

●十一月号目次●

あなたは〝友〟です

高 銀

あなたは　アジアの友です
あのベトナムの〝ホアビン（平和）〟
あの韓国民主主義の友です
あの我が北方の都市　平壌と元山の友
です
あの北太平洋　サイパンの友です
あなたは　上海人民の友です
あなたは　オセアニア　アボリジニー
の友です
あなたは　アメリカ原住民　スー族の
友です
あなたは　第三世界の友です
アフリカの長年の苦痛が何なのか

あなたは　あまりにも早く知りました
あなたは　日本の被差別部落の友です
日本の関東　関西の
若い市民たち
年老いた庶民たちの　非一時的な友で
す
あなたは　世界至るところの友です
貧しい人
愚かな人
学べなかった人
出来そこない
見捨てられた人

▲高銀氏

阿呆も　間抜けも
あなたの友です
決して　あなたは成功した人だけ
名を上げた人だけ　選り抜いた友では
ありません
いわゆる　一流だけでなく
二流
三流も
あなたの温かい友でした

あなたは　風吹く街の友です
あなたは
春　夏　秋　冬なく
各国
各都市の　見なれた客人でした
けれど

▲小田実氏（1932–2007）　享年 75

あなたは真夜中に　あなた自身の友に
　帰ります
書いて　書いて　また書きました
読んで　また読みました
一晩の　没頭は
翌日の本になりました
若き日の　あの古代プラトンも
ロンギノスも　すべて溶か
　して
あなたの大阪の説話にして
　しまい
長い夜を　明かしました
夜を
あなたの耳は　多くの国の
　言葉を聞きました
だからだろうか
だからだろうか
あなたの日本語は　世界語
　です

今日　世界の至るところで
あなたの友だちが
あなたに　別れを告げます
悲しみは　真実であろうに
悲しみで
あなたの名を呼びます
泣き声は　嘘ではなかろうに
泣き声は
あなたの名です
これからあなたは　私たち皆の大気の
　一つの場所です
これからあなたの名は　私たち皆の胸
の中に　埋められる名詞です
ああ　オダ　マコト！

（コ・ウン／詩人・作家）
（青柳優子訳）

長女の社会学
――「鶴見和子一周忌の集い」にて――

鶴見俊輔

この人の学問は全体として、長女の社会学だったと思います。

　四十歳をこえて米国に再渡米し、米国の社会学をまなび、プリンストン大学で社会学の博士になります。この時代には、彼女の師事したマリアン・リーヴィー教授の学風をふくめて、書く主体である自分を、論文の中ではふせます。彼女の場合、書く、そして考える主体である自分が長女であることは、伏せられています。

長女としての役割

　四歳年下の弟から見て、この人は常に、四人姉弟の長女としての役割を演じていました。私の母は、私がうまれたばかりのころから私をなぐり、けり、柱や立ち木にしばりつけました。姉は、母のふるまいに異議を申したて、母の折檻にわって入りました。ともに米国に留学してからも、その態度は消えることがなく、一九四二年三月、私が連邦警察にとらえられて、私が東ボストン米国移民局に監禁されたとき、彼女は、当時敵性外人に必要な旅行許可をもらってケムブリッジの私の屋根裏部屋まで来て、都留重人夫妻、山本素明とともに、部屋に散乱している荷物を片づけてくれました。留置場まで会いに来て、私が書きかけの卒業論文をとられて手ぶらでとじこめられたのを知ると、あとで論文を大学がとりもどしてくれたのを受けて、書きついだ分を彼女がうけとってタイピストにわたし、大学におくる手だてをつくっ

▲鶴見俊輔氏（「一周忌の集い」にて）

てくれました。そのため、私は、牢獄の中でハーヴァード大学を卒業することができました。彼女から来た手紙で、つかれたタイピストの肩をもんでやったことなどが書いてあって、そのことは、今も心にのこっています。

▲鶴見和子氏（1918-2006）

後見の眼の中にある社会学

一九四五年八月、戦争が終ると、彼女は、日米交換船以来、まる二年のあいだ、日本の論壇を見ていて、戦争万歳を書かなかった数人をあげて私にあたえ、その人びとを同人として雑誌を出すことを私にすすめました。

米国にいた間、彼女はマルクス主義者になり、日本にもどってからの戦中二年、その見方をかえませんでした。

私の父は、長女と長男を警察にわたすことはしませんでした。

私の父は、長女に、うまれた時から、大へんな肩入れでした。この無償の愛に、和子は、みずからの無償の愛をもってこたえ、父が倒れてからの足かけ一五年、父は失語症をかかえたままくらしました。その間彼女は、父の家を売って安い土地に移転し、その落差で父を支えました。すきぎれするときには、自分の教授としての給料と講演の謝礼、文筆収入をもってつなぎました。父をその最後までみとって、父にこたえたことは、彼女に平安をもたらし、彼女自身をその終りまで支えました。

父は、自分のこどもが、日本文化に根をもたない国際人になることを恐れて、彼女が八歳のときから日本舞踊をならわせました。その身ごなしは、彼女が脳出血に倒れ、上田敏《さとし》、大川弥生両医師の開発した独自の回生の方法によって、ふたたび歩きはじめる時の重心の移動、半身不随のままの朝飯の調理、りんごの皮むき、片手を文鎮として原稿用紙をおさえての執筆に役立ちました。また、彼女は、健康なときにおこなった水俣病の調査を、半身不随となった患者として受けとめる新しい社会学の視点を得ました。

岩波ホールの舞台にたったとき、彼女は踊りのなかばで扇をおとしました。彼女は、たじろがず、そのままそこに立っていた。すると、後見が、立って彼女に、自分の扇をわたした。見ている丸山眞男は、そのとき少しもさわがずに立っている和子に感心したが、私は、後見の眼の中にあるそれまでに見てきた何千人ものおどり姿の中に社会学があると感じた。和子の社会学は、同時代という同じ舞台にたつ後見の眼の中にある社会学にむかって動いていた。

歌と社会学

父は和子にすすめて、津田英学塾にかよう彼女に、佐佐木信綱に入門して和歌をならうようにした。そこで彼女は、アメリカ留学を前に『虹』という歌集を出した。その後、半世紀、歌をつくらなかった。彼女にとって、和歌と学問とは別のものだった。だが、歌は彼女を捨てなかった。八十歳に近く、彼女が脳出血で倒れたとき、歌は彼女にもどって来た。はじめは型はずれだったけれど、だんだんに型がととのって来て、その後、彼女は、紀貫之の歌の理論、歌は、生きとし生けるものの、生きる姿勢の中にあるという伝統にもどりました。歌と社会学とは別のものではない。彼女は老人施設の中で、これまでの社会学論文を読みなおして、あとがきを書き、これまでの自分の学問に、自分の生命のいぶきをこめた。このようにして老人施設の中で、自分の著作集を出すことを完結しました。

（つるみ・しゅんすけ／哲学者）

好評の「戦後文学」を問い直す画期的シリーズ、遂に完結！

時代の磁場に立つ小説たち

髙村 薫

小説の空気

小説を読む人は、登場人物の物語を楽しむ一方で、それが書かれた時代や社会の気配を渾然とした生理のうちに感じ取る。とくにその時代がなんらかのかたちでその人の記憶に含まれるとき、一篇の小説はその人のこころのなかでその人だけの枝葉を伸ばし、根を下ろしてゆく。思えば、太平洋戦争とその後の占領期は、二〇〇七年のいま現在、わたくしたち日本人がなおもそうして小説の時代を皮膚や身体で感じ取り、生理の奥深くで嘆息することの出来るぎりぎりの年月のうちにある。

もっとも、時代の記憶とは必ずしも実際にその時代を生きたということではない。たとえば一九五三年生まれのわたくしは、直接には戦争も敗戦後の占領期も知らないが、幼いころに見た父母の表情や物言い、そして戦後の混乱期の面影が色濃く残る町の生活風景を通して、その時代への特別な皮膚感覚が自分にあることを知った。それは父母への迂遠な眼差しと重なっており、いわば父母を透過してやってきた時代の記憶ではあるが、それでも、わたくしの身心に父母の存在が徹底的に刻まれているのと同じ仕方で、わたくしのなかに一定の痕跡を刻み込んでいるのは疑いのないことである。

すべての小説にとって、それが書かれた時代の空気を知る読者が多く存在しているというのは、無条件に幸福なことである。とりわけ、戦争や飢餓や国家の崩壊といった劇的な経験に満ちた時代は、それだけで強力な磁場をもつ。そうした磁場は作家を駆り立て、意思を越えた力が作家に何事かを書かせるということが起こる。そのとき、奇跡のように表現や行間から滲みだして登場人物や物語の空間を浸すものがあり、それをわたくしたちは小説の空気と呼び、力と呼ぶ。また、同時代の読者の場合は、その同じものを共感と呼ぶかもしれない。そ

して、主題や小説作法とはべつの次元から生まれてくるこの空気は、小説という家のすみずみを彩る照明のようなもので、それによって家がより家らしい空間になって住む人の身体を包み込むのである。しかも、その照明を灯すのは読者の記憶と言語感覚であり、人によって見え方も違う。とりわけ時代の空気はそうである。それを感じ取らなければ小説空間が成立しないというのではないが、小説を読むとき、そこに満ちている時代の空気は、もしも感じられるのであれば感じられるに越したことはない。一つの表現だけで、ある時代の己が人生に伝播してゆく意味の広がり。一行毎にどこから湧いてきて小説の傍らにこぼれ落ちる私的な感情。そしてまた、それらが次々にふくらんで再び小説の空間に逆流してゆく感覚。すべてが「小説以上の何か」であり、「小説ならではの何か」であり、このとき活字の空間で、作家と、物語と、読者それぞれの或る時代が立ちあがっている。

こころの澱

ちなみに、時代を超えて百年も読み継がれるような小説は、そうした時代の空気という照明を取り除いても十分に住めるような構造と意匠を備えた家でなければならないことになるが、一九四五年から五二年という占領期は、幸いなことにまだ、かろうじてわたくしたちの記憶の範囲内にある。従って、その時代に書かれた小説たちはひとまずそうした年月の評価の手前にあり、しかも敗戦という劇的な経験の磁場が発していた未曾有の力を行間に漲らせたまま、それぞれに初々しい顔をしてわたくしたちに読まれるのを待っていたということになろう。実際、わたくしはここに収められた六篇を今回初めて読んだが、ほとんど古さを感じなかった。それぞれ一篇の小説として立っているだけでなく、むしろ作家たちにとって、占領期がその人生の特別な時期であったことを明かしているような、その時期ならではの作品と呼べるものばかりである。一括りにするなら、庶民生活の混乱とエネルギーの横溢の上に、新しい民主主義社会の一様な薄明るさが載っていた時代、作家としてそれには少し距離を置きながら、戦前戦中に溜まった自らのこころの澱を、庶民に先駆けていち早く吐き出し始めた時期の作品群と言えようか。また、ここに集められた六名の作家たちは当時、いずれも人生のなかでもっとも気力の充実した青壮年であったことから、占領期という特別な時期の短編にも、それぞれに作家としての意気込みと自負が注ぎ込まれているのは言うまでもない。

巨大な違和感と失意

富士正晴の『童貞』は、右のような条件をすべて満たす巧みな作品である。富士の眼差しは、自身が経験した戦時中の生活と人間の片々に向かっているが、あえて衣服や社会的肩書などの被いの下から性をむき出しにさせてみせる、その手口の繊細さに作家の資質は明らかである。富士が描いたのは、戦時中であっても人間の本質はつまるところ下半身だったというふうな話ではない。作戦指揮も、戦闘能力も、兵站も何もかもお粗末で悲惨だったと言われる日本の軍隊にあって、前線の兵士たちの滑稽かつ無軌道な性欲処理のありさまを描いたのでもない。作品にあるのは、当時応召して軍隊に入った多くの一般人男子の一人として、己が全身で味わった巨大な違和感と失意のかたまりの核心を探らんとする小さなこころの営みが、ふと立ち返ってゆく先としての人間の顔であり、姿であり、下半身である。それこそ作家というものであるが、一兵卒の富士が大陸で出会った年下の少年下士官は、たとえば「怒りっぽい美食家」「田舎の小学校の級長」「未だ女の身体を知らぬものの潔癖」などと形容される。残忍と貴族的な律儀さ。潔癖と美食。容赦のなさと童貞。そうした生命として作家が見つめる一少年下士官の肖像は、戦前の日本の地方出身者の精神性や、田舎の青年たちの上昇志向を軍国精神に仕立て上げた帝国陸軍の何たるかを透かして見せるだけでなく、日本の近代への哀しみを感じさせて、ああそうかもしれないと読後の深いため息を誘う。（下略）

（たかむら・かおる／作家）（構成・編集部）

一八三〇年代、日本から世界を見通した男、高野長英。決定版自伝。

私を支えた夢――『評伝 高野長英』

鶴見俊輔

谷川雁の「先生」

この本を書いているころ、詩人谷川雁にあった。なにをしているか、ときくので、高野長英の伝記を書いていると答えると、「それは私が先生と呼びたいと思うわずかの人の一人だ」と言う。

彼は、いつもいばっている男だったので、おどろいた。そう言えば、彼の生き方には最後のラボの指揮と外国語教育をふくめて、高野長英の生き方と響きあうところがある。

脱走兵援助の年月

伝記を書くには、資料だけでなく、動機が必要だ。

私の場合、長いあいだその仕事にかかわっていた脱走兵援助が、一段落ついたことが、この伝記を書く動機となった。

ベトナム戦争から離れた米国人脱走兵をかくまい、日本の各地を移動し、日本人の宗教者がついて「良心的兵役拒否」の証明書つきで米軍基地に戻ることを助けたり、国境を越えて日本の外の国に行くのを助けたりしていた。このあいだに動いた私たちの仲間も多くいたし、かくまう手助けをした人も多くいた。その人たちのあいだに脱走兵の姿はさまざまな形で残っている。

高野長英もまた、幕末における脱走者だった。

彼の動いたあとをまわってみると、かつて長英をかくまったことに誇りをもつ子孫がいる。そのことにおどろいた。それは、長英の血縁につらなることとはちがう、誇りのもちかただった。

こうして重ねた聞き書きが、この本を支える。

私の母は後藤新平の娘であり、水沢の後藤から出ている。そのこととは別に、ベトナム戦争に反対して米軍から離れた青年たちと共にした一九六七年から一九七二年までの年月が、この本の動機をつくった。

脱走への夢

もっとさかのぼると、大東亜戦争の中で、海軍軍属としてジャワのバタビア在勤海軍武官府にいて、この戦争から離れたいという願いが強く自分の中にあったこととつながる。

私に与えられた仕事は、敵の読む新聞とおなじものをつくるということで、深夜、ひとりおきて、アメリカ、イギリス、中国、オーストラリア、インドの短波放送をきいてメモをとり、翌朝、海軍事務所に行って、メモをもとに、その日の新聞をつくることだった。私ひとりで書き、私の悪筆を筆生二人がタイプ印刷し、南太平洋各地の海軍部隊に送られた。司令官と参謀だけが読む新聞だった。日本の新聞とラジオの大本営発表によって、艦船の移動をはかることが不利な戦況下で、海軍はそのことを理解していた。

▲高野長英（1804-50）

この仕事のあいまに、深夜、部屋の外に出ると、近くの村々からガムランがきこえ、村のざわめきが伝わってきた。戦争からへだたった村の暮らしがうかがえた。軍隊から脱走したいという強い思いが私の中におこった。

とげられなかった夢は、二十年後に、アメリカのはじめたアジアへの、根拠の薄い戦争の中で、その戦争の手助けをする日本国政府の下で、私たちのベ平連（ベトナムに平和を！市民連合）となった。

その間に私を支えた夢が、高野長英伝のもとにある。

（つるみ・しゅんすけ／哲学者）
（構成・編集部）

現代を代表する女性フォトジャーナリストと国際的社会学者の対話

魂を撮る——人びとのまなざしの奥にあるもの

大石芳野
鶴見和子

瞬間を逃さない

大石　写真は「今」しか撮れないし、見えるものしか撮れない。その人の過去がどんなものであれ、目で見るものはそこにいるその人しかない。その人が弾の中をくぐり抜けた、あるいは脇に抱えていた子ども二人は弾にあたって死なせてしまったけれども、自分だけは生き延びてしまったといっても、そのときの写真は撮れません。聞くことはできても。だからそういう体験を抱えこんでいるこの人を撮らなければいけない。どうしたらいいか、と思うなかで、その人その人によって全部違うんですけれども、自分がこれだと思った瞬間を逃さないということになります。

鶴見　広島の写真もそうね。

大石　アウシュヴィッツを生き延びた人も、広島で原爆を体験した人も、沖縄戦を生き延びた人も、みんなそれから何十年か経っています。その人はいま表面的には私たちと似たような生活をしている。その人の体の中を流れているものは、何年か前の辛酸な記憶です。それはけっして過去になってない。でも外からは見えないんです、ふだんは。でもそれが見える瞬間がある。その瞬間を逃さないということが、私にとって一番大事なことです。それは一人一人違います。だから一人一人と丁寧につきあって、その人の瞬間が見えたときに見逃さない。

それが成功するときと、私はこの人をこういうふうに感じたのではないのに、なんて私は下手なんだろうと、自分の写真を見て思うこともあります。また撮りながら、撮れてない撮れてないと思うこともあります。その人と長いことつき

▲対談時のお二人

あったら思うような写真が撮れるかというと、そうともかぎらない。会った瞬間にそれがドッとその人から出ているのを感じるときもあって、そのときに撮った写真が結局、より何か私が感じているその人が強く出てるということも中にはあるんです。だから親しくなったら撮れるというものでもないし、かといって会った瞬間が一番撮りやすいというわけでもないし……。

鶴見　その時その時ね、出会いね。

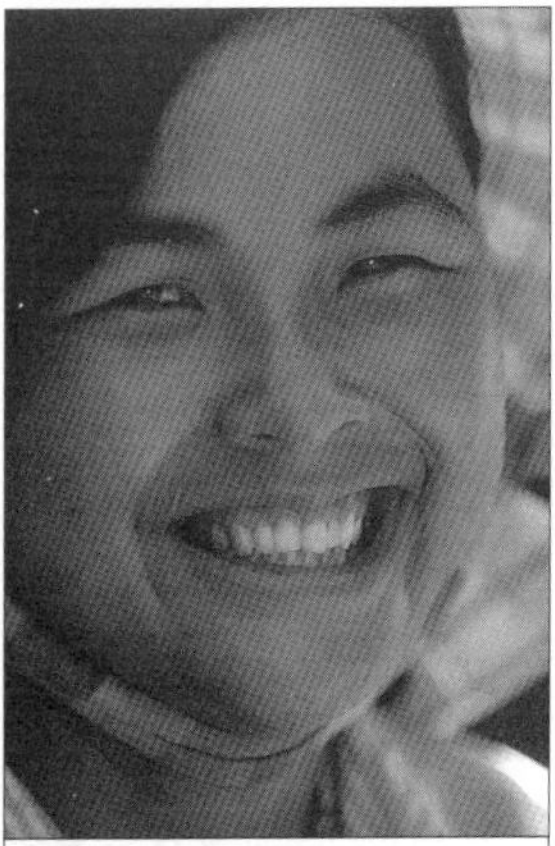
▲『ベトナム凜と』より

大石　「萃点《すいてん》」が、あっちに行ったり、こっちに行ったりする。

写真のハンディを転化させる

鶴見　人間の中の一番辛かったこと、人生の中で一番自分の心の中に残っているものが、ある瞬間にファーッと顔と体からにじみ出る瞬間があるということがおもしろい。そしてそれを第三者であるあなたがとらえるということ。

大石　写真というのは、動かないし、音も出ないですから、ハンディはすごくある。いま動画の時代で何もかも動いて音が出て、いたれりつくせり。匂いこそないですけれども……。

鶴見　それから同時性ね。いま戦争が起こっているそのときに撮る。

大石　だからこのハンディを逆に私が乗り越えてそれをプラスの方に転化させたいと思っているんです。その止まって動かない一枚の止めた時間、その瞬間にすべてをそこに集中させないといけない。例えば私がその人とつきあった何百時間があったとしたら、それを全部その一二五分の一秒に、あるいは六〇分の一秒に集約させるということが大切なんですね、写真は。その集中力みたいなものですね。でも、なかなか思うようにならないのが現実ですが。

鶴見　いつでもそれを見守ってなくてはだめね。逃がしちゃいけないわけね、その瞬間を。見落としたら大変。

（おおいし・よしの／写真家）
（つるみ・かずこ／思想家）

現代人に激増する難病、クローン病とは何か。

クローン病を知っていますか？

J・ゴメス

クローン病は、私たち西欧の生活が現代のように変化したことがもたらした文明病と言えるでしょう。そして、年を追うごとに驚くべき勢いで患者数が増えてきています。長い間クローン病は非常にまれな病気であるとされていて、三〇年代までは名前すら持っていませんでした。発展途上国では、いまだにめったにお目にかからない疾患ですが、それらの国に住む人々が我々の生活様式を「取り入れた」ならば、そうとも言えなくなると思います。

どうしてそんなに大変なの？

◆クローン博士がこの疾患を見つけてから、クローン病はすごい勢いで増えているのです。一九三〇年から七〇年までに二倍、それ以降今日までは三倍にもなっています。

◆痛みと下痢という主な症状は気が滅入るもので、どうとりつくろってみても、社会生活を送る上でばつの悪い思いをすることもあります。体力を消耗させもしますし、時として無気力感に襲われます。最悪の場合は命を脅かすことにもなるのです。

◆毎日のように患者さんが増え、新しい症状が現れています。数年かけて、調子が良くなったり悪くなったりを繰返しながら慢性化する傾向にあります。

◆発症しやすい年齢は一〇歳から四〇歳までの間で、二〇代半ばでピークを迎えます。そのころと言えば、普通ならば、生涯のうちでもっとも活動的で創造的な生活を送る幸せまっさかりという時期でしょう。

◆ほんの数年前までは、一〇歳以下や六〇歳以上で発症する人は、ほとんど知られていませんでした。けれども、今ではこういった年齢で発症することも珍しいことではなくなってきています。

◆西欧化した国に住む人たちに多い傾向がありますが、原因がどこにあるのかはっきりとはわからないため、危険を取り除くことはできません。けれども、階層の貧富の差とは関係がないようです。ひとつの妙な手がかりとしては、飽食の人、美食家に増えている傾向にあるようです。

◆子供時代に発症すると、発育過程にずっと悪影響を及ぼすことになります。適切な治療を受けていない若者は、とかく背が低く性的に未熟であることが多いようです。

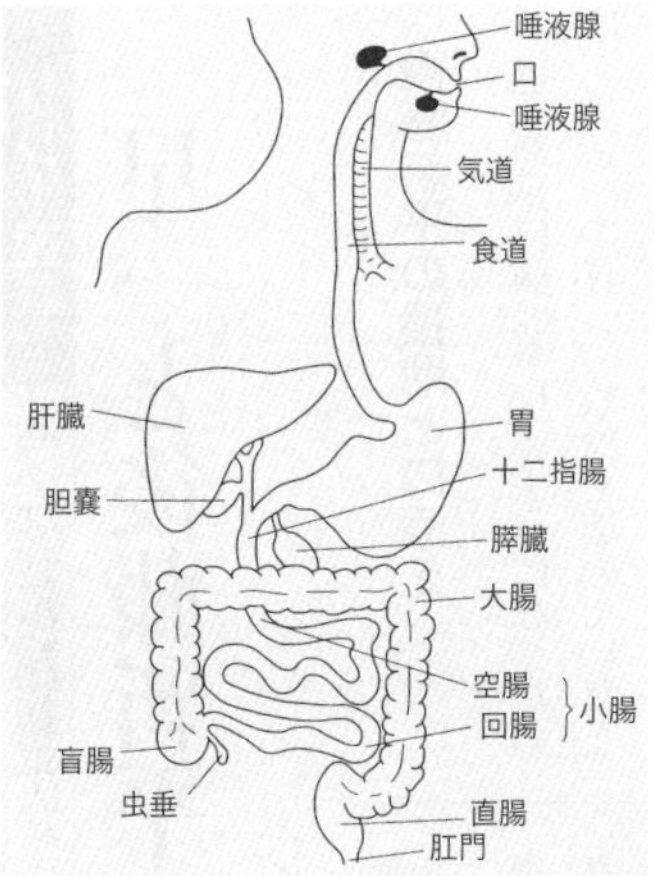

◀消化官の模式図

◆治療に対する前向きな選択肢はたくさんあるのですが、たちどころに治るといったものは今のところありません。

◆クローン病だと診断された場合、それ以後の人生を充実したものにするためには、とりもなおさず、すべての生活スタイルを組み立て直さなければならないということになります。

そこで本書の出番です！

多くの疾患には、それに適したさまざまな治療法がありますが、ことクローン病に関しては特に、早期発見と、なるべく早く治療を始めることが大切です。その時期が早ければ早いほど、長い目で見ても短い目で見ても、結果は良好なのです。患者が信頼し一緒にやっていこうと思うような医療にたずさわる人々から提供される専門的医療と相まって、本書は読者がクローン病を理解し、これからの付き合い方をさまざまな可能な方法の中から選択する手がかりとなります。どんな治療を受けるのかを最終的に決めるのは患者さん自身なのです。本書は、あなたが、クローン病の患者さんであっても、その家族であっても、友人であっても、よりよくクローン病とつきあっていくために理解しておいた方がいいことを知る手助けにもなります。そうすれば、どういう治療を受けるのがいいのか決めやすくなります。

（Joan Gomez／精神医学）（構成・編集部）

クローン病

症状・治療・対策

J・ゴメス　前島真理・前島良雄訳

四六判　予三一二頁　予二六二五円

リレー連載　今、なぜ後藤新平か　27

星一と後藤新平

ノンフィクションライター　最相葉月

後藤新平の援助と口添え

後藤新平に興味を抱くようになったのは、星新一の評伝の取材を進めていたときである。星新一の父、星一が刊行していた在米日本人向け新聞『ジャパン・アンド・アメリカ』の経営が危ぶまれたときに資金援助をしたのが、台湾民政長官時代の後藤新平だった。その後、星一は星製薬を設立するが、星製薬が国産モルヒネを一手に製造販売することになったのも後藤の口添えがあったためで、それゆえに憲政会加藤高明内閣発足と同時に政争に巻き込まれ、阿片法違反の嫌疑で起訴されたのを機に崩壊の道を辿った。

星新一はこの経緯を『人民は弱し　官吏は強し』で発表し、さらに父親に関わりのあった著名人の小伝をまとめた『明治の人物誌』でも「後藤新平」を執筆している。なぜ星一は失墜したのか。父の死後、会社を人手に渡した息子としては、確認せずにはおれなかったのだろう。

毎朝、後藤宅へ

ただ子が親を書くと、身内に甘くなることは避けられない。星の親子関係の真相に近づくためにも、私は後藤と星一の間にどのような交流があったかを知る必要があった。資料調査からたんに互いの権力や財力を利用しあった関係ではないことは間違いないと思われ、それを確認するために鶴見俊輔さんにお会いしたこともある。鶴見さんは『人民は弱し　官吏は強し』の文庫に解説を寄せ、星新一が後藤伝を書くとき、後藤の執事らを星に紹介した。後藤の晩年、麻布桜田町の同じ敷地に住んでいた鶴見さんは、毎朝七時に星一が大型の外車に乗って後藤のもとにやってきたのを目撃したという。

「毎朝会っていたということは、毎日新たなひらめきがあったということ。後藤が星一に毎朝会ったのは国会議員だったからでも星製薬社長だったからでもない。創意ある人物だったからです。後藤自身、ひらめきと根性ある人で現金をためることに執着しなかった。台湾日日新聞記者の尾崎秀実の父親や渡仏した大杉栄を支え、正力松太郎が読売新聞を買収するときも自分の土地家屋を抵当に入れて援助した。創意ある人は応援した。だから手元にはお金が残らなかったのですが」

▲後藤新平（1857–1929）

▲星一（1873–1951）

斬新なアイデアを支えるもの

まるで星一だ、と私は思った。いや逆だ。星一がまるで後藤新平だ。事実、星一は後藤新平の真似ばかりしていたという声を取材中何度も耳にした。後藤の「自治三訣」は、星製薬の標語「親切第一」（君に対しては忠となり、親に対しては孝となり、子に対しては愛となり、友に対しては信となり、他人に対しては同情となり、物に対しては大切となり……）に通じる。土地や住民の調査や町のネットワークを重視する「生物学の法則」は、星製薬が全国初のチェーンシステムを敷いたり、託児所を設けて女性の就労を支援したりしたことに活かされている。創意ある人々を支援するパトロン的人柄も同様。星製薬からは写植で知られる森沢信夫ら有能な技術者が育っている。星製薬の社報や建物を見れば、後藤の衛生や予防医学の考え方も影響を与えたことがわかる。正門をスロープにして水をいつでも流せるようにしたり、大学の講堂をバリアフリーにして階段を無くしたり、といったことだ。

都市を生命体とみなすように、企業を生命体とみなす。後藤の国家構想を企業や学校経営において具現したのが星一なのである。ちなみに時代の先を行きすぎたために周囲の理解を得られず、大風呂敷といわれたことまで後藤と同じだった……。

どれほど斬新なアイデアも、それを推し進めるシステムと社会的な理解がなければ頓挫してしまう。星一と星製薬の失墜を通して私は、それを強く実感した。

（さいしょう・はづき）

リレー連載　いま「アジア」を観る 59

いま、つながり始めるアジア

進藤榮一

アジアはいつも遠かった。支那学の本拠、京都で学びながら私たちの関心は欧米にあった。法学部の学生中、中国語を第二外国語に選んだ級友は一人だけだった。

そのアジアが、留学先の米国東海岸のベトナム反戦運動や米中接近で意識に上り始めても、アジアはなお遠く、貧しかった。帰国後の七九年秋、初めて訪れた韓国の同僚教師の給与は、私の十分の一。戒厳令下のソウルは、クーデターか内乱寸前の様相だった。そんな韓国事情を聞いた（いま香港中文大学教授をしている）院生が、帰国後すぐの土曜日朝、ゼミ教室に飛び込んできて叫んだものだ。「先生の言われた通りになりましたよ」。朴正熙暗殺のニュースが駆け巡っていたのである。

その後、ソウル五輪をはさんでゼミに少しずつアジア人院生が増え始めた。九〇年代に入って十数人中、半分を占めた。学生だけでなく研究者も往来し始めた。彼らとの付き合いの中で私は、初めてアジアの多様な文化と歴史にじかに触れた。儒教精神を色濃く残す韓国や台湾の文化は、アジア主義とアジア的なものへの興味をかき立てた。

そして天安門事件翌年、中国を初めて訪れた。改革開放が始まったとはいえ中国はいまだ貧しく、逗宿先の二十数階の窓から見下ろす早朝の街は、自転車であふれていた。北京大学の同僚と私との給与格差は六十対一以上。土産物店で求めた青磁器の値段八千円が教授の月給の二倍あるのに良心がうずいた。

あれから十七年――。北京はいまクルマの洪水だ。中国人教授との給与格差はなおあるものの、韓国人との差はない。

いつの間にかアジアは近く、そして豊かになった。情報革命下で進行するグローバル化の波が、歴史だけでなく地理をも「終焉」させる。変わるアジアが、東アジア共同体を、アジア共通の政策課題として私たちに突きつける。かつて欧米の逆さ絵としてあったアジアが、いまひとくくりに繋がって、新たなアイデンティティを求めている。

（しんどう・えいいち／筑波大学名誉教授）

■連載・生きる言葉　8

歴史の再構成を

粕谷一希

実隆は斯くして朝廷で調法がられたのみならず、武家からも重んぜられ、風流の嗜《たしな》み深かった義尚将軍の如きは、文明十五年七月からして、隔日に室町殿へ出頭してくれるようにと頼んだ。

原勝郎
『東山時代における一縉紳の生活』
（筑摩書房）

同書は専門家の間では音に聞こえた歴史叙述の古典である。鈴木成高氏などは直接接する機会はなかったものの、師と仰いだ西洋史学の泰斗であり『世界大戦史』といった同時代史を残しながら、日本中世史研究の専門家でもあった。その学東西にわたったのである。

こうした大正時代のリベラルな学風は、その後、唯物史観、皇国史観によって背後に押しやられるが、今日必要なことはこうした学風を復活・継承することである。同書が東山時代の典型的な公卿であり文化人であったひとりの人間の生活を活写することで、足利時代、応仁の乱時代の京都の風景を浮かび上がらせている。

こうした方法はヨーロッパにもない。原勝郎の独創であったらしい。東北盛岡の出身で東国武士を想わせる原勝郎は、癇癪持ちでいつも怒声を発し、京都弁を喋る息子たちをぶんなぐったという。

しかし、それでいて同僚の学者たちからは敬愛されていたというから面白い。原勝郎に私心がなく、東西文明を念頭におきながら、日本文化の個性を、ショウビニズムではなく冷静に見つめ続けていた。

こうしたアカデミズムの、自立しながら、自由な発想が中心で生かされていた大正時代は、狭い大正デモクラシーといった政治史的視点を超えた、佳き時代だったのである。日本歴史もまた、この時代に倣って歴史を再構成してゆかねばならない。

（かすや・かずき／評論家）

Le Monde

■連載・『ル・モンド』紙から世界を読む 57

中国の重み

加藤晴久

『ル・モンド』のD・ヴェルネ記者が最近の国際関係のなかでの中国の役割を論じている（十月三日付）。

「ミャンマーの危機は中国にとってテストケースである。オリンピックを間近に控えて厄介な選択を迫られている。他国の内政不干渉という例の原則を振りかざし続けるか、それとも、年来支援してきている軍事政権を非難するか。前者の場合は、人権を軽視していると批判される。後者の場合は、従来の事なかれ主義と縁を切ることになる。軍部に慎重な対応を求める、あるいは、デモはミャンマーの内政問題であり、地域の安定を脅かすものではないと主張するだけでは済まされない。現在の国際体制のなかで台頭しつつある大国としての在り方が問われているのだ。改革と経済発展の道を歩み始めて以来、中国は国内問題を優先させて、国際問題解決の責任を担うことは避けてきた。……このような自制はどうやら過去のものとなった。中国はいまや国連の平和維持活動に参加するなどして国際問題に積極的に関与する姿勢を見せている。すでにレバノンの国連暫定駐留軍に部隊を派遣している。スーダン政府との緊密な関係にもかかわらず、ダルフール問題への国連の介入に関する従来の否定的な態度を捨てた。」

二〇〇三年以来、東アフリカ・スーダン西部のダルフール地方で続いている凄惨な民族紛争を終結させるため、国連は二万六千人の平和維持部隊を派遣することになっている。非アラブ人殺戮の責任を問われているスーダン政府を支持してきた中国は、九月中旬、国連の活動に参加させる予定の精鋭部隊をマスコミに公開して話題になった（九月二〇日付）。

中国は「普通の」国ではない。しかしその軍隊は「普通の」軍隊だ。必要となれば、当然、武力を行使する。日本は「普通の」国であるが、その軍隊は「普通の」軍隊ではない。国連の平和維持活動に参加できない。国連を中心にした世界連邦を夢見ている気配のある日本国民。これからどうするつもりなのだろうか。

（かとう・はるひさ／東京大学名誉教授）

triple ∞ vision　78

利根（Tanne《たんね》）はぬすびとのように

吉増剛造

思いもかけない、耳の（洞穴《ほらあな》の）地下、……。『機』の、この頁が、無意識にさぐっている、坑道か獣道《けものみち》か杣《そま》人の径を、とうとうこの頁の筆者さえもが、恐る恐るなのだが、歩きはじめているらしい、……。なるべく、名付けないように、なるべく見付けられないように、しかし小さな、赤裸（あかはだか）の金太郎のような姿で……、葉のかるさおもさのようなものを、あるいは、鉞《まさかり》を掌に上せて、量るように揺らしてみつつ、歩をふんで行くことによってしか、この「耳の（洞穴《ほらあな》の）地下への路」は、辿れそうにない。

堀口大學さんだったら、猫が書物の隅《すみ》をふまないようにして歩いて行った、……と *comring* のスアシの妙と、足音に聞き耳を立てていたのであろうか、……。〃名付けないように、……〃この七、八行前の記述は、本当は、どう名付けてよいのか途方に暮れていたときの咄嗟の記述なのだが、おそらく〃聞こえないものに聞き耳を立てる〃〃もうひとつ別の鼓膜を創りだすことに心を集中する、……〃ということを含んでもいたらしい。そうして、態《わざ》と、気を免《ソ》らし、文脈を外して、怪童金太郎の赤ら顔や、仔猫の小さな小さな足裏のその色を、これまた、咄嗟に、……鼓膜のスクリーンの色に変換しようとしていたのだった。

卓越した小説家の室井光広氏から『カフカ入門——世界文学依存症』（東海大学出版会刊）を、恵まれた。開くとすぐに（六頁）、カフカが云ったという〃歯の音が聞こえますか？〃に出逢って、驚く。カフカは、〃異様にひびく〃チェコ語（*nechápu*）＝（わけが分らぬ）を、こうして噛みくだこうとした、歯を立てようとした、……それが文學《ディヒーハング》だ、……と室井氏は、語りだす。快哉《かいなるかな》！

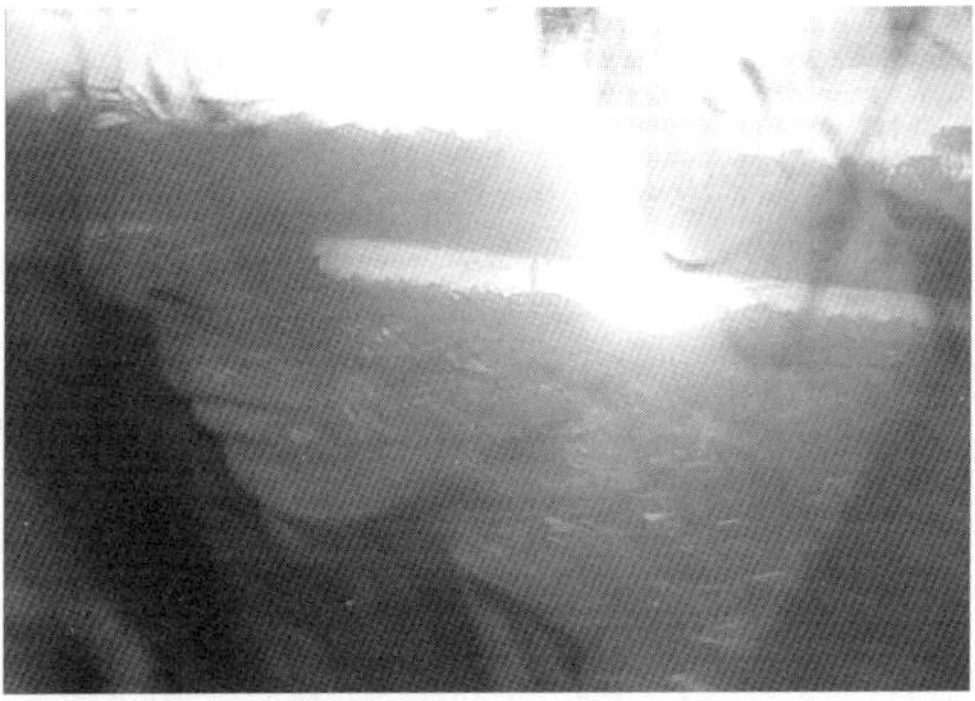

折角だ。室井氏の引いた訳の、カフカの〃大口〃を聞こう。わたくしたちもまた、耳を立てる。（表紙の写真をみると、なんという、なんという、カフカの巨きな耳だ！）

〈……最初の音節でくるみをはさもうとする、うまくいかない、で第二音節でガッとばかり大口をあける、今度はうまくはまりこんだ、よしというので第三音節がばしりといく、歯の音が聞こえますか？〉

（新潮社版全集）

今日の、たとえばわたくしの「耳の（洞穴《ほらあな》の）地下」には、この（*nechápu*）が、アイヌ語に響く。生涯の書物そして *Cine*『朔太郎フィルム日記——I』の制作に、利根川の河原に出て、*Memo* を綴りつつ、〃利根川はぬすびとのように〃朔太郎の詩行を、視界に、広辞苑（電子版、……）を叩くと、何と、……（トネはアイヌ語の *tanne*——長い、の意から）と。刹那、わたくしも、*tanne*（たんね）を、ばしりと噛んだに、相違なく、そこに、刹那の底知れぬ、耳の洞《ほう》が、ガッと、口をあけていた。

（よします・ごうぞう／詩人）

連載　帰林閑話 156

田園交響曲

一海知義

ベートーベンの「田園交響曲」を初めて聴いたのは、中学生の時だった。ひどく感動して、暫くは夢の中をさまよっているような気分になったことを、記憶している。

原語のPastoraleは、牧歌、田園詩といった意味らしい。

ところで、中国で田園詩人といえば、陶淵明（三六五―四二七）である。

淵明は四十二歳の時、役人生活ときっぱり縁を切り、故郷の田園に帰って隠者としての生活を送るようになる。その時の「隠遁宣言」が、有名な「帰去来の辞」である。

その冒頭の三句、

帰りなんいざ
田園まさに蕪《あ》れんとす
胡《なん》ぞ帰らざる

ここに「田園」という言葉が出て来るが、淵明が故郷に帰って最初に作った詩の題は、「園田の居に帰る」。

「田園」でなく「園田」である。田園と園田、どう違うのか。

陶詩には、「田園」という言葉がもう一箇所出て来る（「農を勧《すす》む」）。

董《とう》は琴書を楽しみて
田園を履《ふ》まず

董は、漢代の大学者董仲舒《とうちゅうじょ》。音楽や読書を好んで、「はたけ（畑）」に足を踏み入れなかった、というのである。

「田園」は「はたけ」という意味で、淵明は「田舎《いなか》」「郊外」という場合は、「園田」と使い分けている。

「園田」の方は、淵明詩集に三箇所出て来る。

1　拙を守って園田に帰る（「園田の居に帰る」）

2　暫く園田と疎《そ》ならんとす（「始めて鎮軍参軍と作《な》りて云々」）

3　園田日《ひ》びに夢想す（「乙《いっ》巳《し》の歳三月云々」）

他の詩人の場合、そうでもないのだが、淵明は二語を区別している。

もし淵明が生きていたら、「田園《はたけ》交響曲？　園田交響曲じゃないの？」と言うだろうか。

（いっかい・ともよし／神戸大学名誉教授）

（壁面が幾何学紋様で覆われたミトラ神殿／メキシコ、オアハカ）

連載・GATI　94

マヤ文明の異質な神殿「ミトラ」

―― 暗黒の空に瞬くイナズマは上昇する龍や蛇に喩えられた／「龍と蛇」考 ⑯ ――

久田博幸
（スピリチュアル・フォトグラファー）

マヤ文明の後古典期の宗教施設に「ミトラ」がある。サポテカ人がモンテ・アルバン（オアハカの都市遺跡）を放棄し、移動して建設した。後にミステカ人、アステカ人が継ぎ、スペイン侵入で滅んだ時には多くの生贄《いけにえ》の屍が発見された。この神殿で興味深いのは一般的なマヤの神殿に見られる羽毛の蛇《ケツアルコアトル》や雨神《トラロック》の神像装飾が一切なく、壁面全体が細かな石の幾何学紋様で覆われていることである。紋様に共通する要素は渦巻《メアンダー》・鋸歯《きょし》・卍《まんじ》紋など水を暗示する「雷紋」である。ミステカ人の絵文書《コデックス》「ズーヘ・ヌッタル」にも同じ主題《モチーフ》が見られ、海洋文化圏《ネットワーク》を介し、北部インカ文明との関係も語られている。

雷光は空中の電位差が生む火花だが、日本でもそれが稲を孕《はら》ませるとして、初めは稲妻《づま》とは書かずに「稲夫《づま》」とされていた。他に稲光《いなびかり》・稲魂《いなたま》・稲交接《いなつるみ》の名がある。雷《かみなり》はイカヅチ・カグツチ・ゴロツキとも称《よ》ばれたが、イカヅチの「チ」は、水霊《ミズチ》や大蛇《オロチ》と同様に霊的な力を表す「厳《イカ》ツ霊《チ》」が語源という。落雷は御《ご》霊《りょう》信仰にもあるように神の怒りと恐れられたが、地味を肥やすとも考えられていた。

十月新刊

昨夏急逝した著者の、最終歌集

歌集 山姥

鶴見和子

［序］鶴見俊輔 ［解説］佐佐木幸綱

脳出血で斃れた瞬間に、歌が噴き上げた——片身麻痺となりながらも短歌を支えに歩んできた、鶴見和子の〝回生〟の十年。『虹』『回生』『花道』に続き、最晩年の作をまとめた最終歌集。

菊上製 三二八頁 四八三〇円

限定愛蔵版 三百部限定

布クロス装貼函入豪華製本

口絵・写真八頁 九九七五円

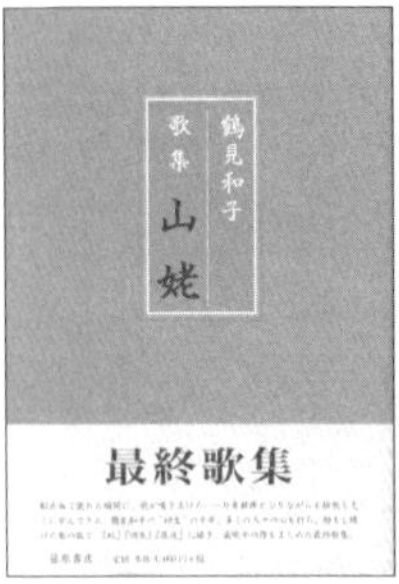

人はなぜ、規則に従うのか？

実践理性

行動の理論について

P・ブルデュー

加藤晴久・石井洋二郎・三浦信孝・安田尚 訳

贈与交換、利害と無私、国家と資本などのキー概念から、人々の日常行動を決定づける政治・経済・文化界のメカニズム（「常識」の根拠）を徹底解明する、現代のブルデュー版「実践理性批判」。

四六上製 三二〇頁 三三六〇円

今蘇る、国家の形成を論じた金字塔

明治国家をつくる

地方経営と首都計画

御厨貴

［解説］牧原出 ［解説対談］藤森照信・御厨貴

近代国家・日本の形成過程を精緻に描きだした不朽の名著。

A5上製 六九六頁 九九七五円

二人の関係に肉薄する衝撃の書

蘆花の妻、愛子

阿修羅のごとき夫なれど

本田節子

偉大なる言論人・徳富蘇峰の〝愚弟〟、徳富蘆花。日記に遺された妻愛子との凄絶な夫婦関係から、愛子の視点で蘆花を描く初の試み。

四六上製 三八四頁 二九四〇円

絶望した人間だけが知る美しさ

〈石牟礼道子全集・不知火〉（全17巻・別巻一）

13 春の城 ほか

「なぜこれほど美しい魂の人々が死ななければならないのか。」（河瀬直美）

［第12回配本］

［解説］河瀬直美

［月報］桜井国俊／家中茂／伊藤洋典／豊田伸治

A5上製特装貼函入（志村ふくみデザイン）

七八四頁（口絵二頁） 八九二五円

「戦後文学」を問い直す、画期的シリーズ！

戦後占領期 短篇小説コレクション（全7巻）

6 一九五一年 ［第5回配本］

［解説］井口時男 ［解題］紅野謙介

吉屋信子／由起しげ子／長谷川四郎／高見順／安岡章太郎／円地文子／安部公房／柴田錬三郎

四六変上製 三二〇頁 二六二五円

読者の声

後藤新平大全■

▼余り厚くなく、携行に適当なサイズで、然も内容は「大全」にふさわしく、誠に丁寧な解説・説明付きで、写真配置も適切、旅行のときでも、カバンに入れて持ち歩いて読んで、見て、新平の一生を考えるのに、よい手がかりとなるでしょう。好著刊行に感謝します。

（岩手 **髙橋通泰** 78歳）

戦後占領期 短篇小説コレクション■

▼成人前の時期、「買って読む」ほどの給料を得ていなかったので、大半は読んでいない。又、あの当時、未成年者が興味があっても「借りにくい」小説もあった。自前の金と時間で読める現在に感謝している。読み終ったら息子にと思っても「昔の漢字」などが壁になっている。友人にでも送るか……。

（静岡 **齋藤宗重** 74歳）

▼〝占領期〟という時代の区切りが面白い。一九四五年八月十五日以前以後で語られ、単に〝戦後文学〟と呼ばれていたジャンルに新たな座標軸が引かれた気がします。

（神奈川 会社員 **嶋田直哉** 35歳）

父のトランク■

▼酒井啓子の書評が素晴らしかった。訳がまた完璧な日本語になっていた。パムクの文章には世界がある。イスタンブールから西洋を見る！ 西洋は振りかえってもくれない、西洋は文明を文学が着実に運んでくれる。彼の小説を読みたいと思います。多くの人に読ませたい。

（長崎 **森田正** 79歳）

いのち愛《め》づる姫■

▼いま多くの人々は〝生きている〟と思い、〝生かされている〟とは思っていません。この書には生態系のことが、そして生命のつながりのことが、とてもわかりやすく書かれています。孫たちにすすめたいと思っています。ありがとうございます。

（大阪 **佐藤眞生** 68歳）

▼久方ぶりに素晴らしい書籍にあえまして感銘いたしました。

（富山 元公務員 **萩行治義** 82歳）

▼堀文子さんの個展をデパートで拝見、以前から大好きな画家でしたし、NHK-BS放送「週刊ブックレビュー」でこの本の紹介がありましたので早速とりよせました。ユニークなお話ですが、実は私も「虫愛づるおばちゃん」でして、あげは蝶の食卓を提供、羽化を楽しんでおります。美しく、そしてとても愉快な御本でした。ありがとう。

（埼玉 主婦 **柏原宣子** 65歳）

▼美しい色彩の絵が入り、印象的でどうしても手に入れたいと思った。また、中村桂子、山崎陽子、堀文子さんのコラボレーションということで気にいって買いました。

（京都 主婦 **達富照子** 58歳）

▼「虫愛づる姫君」は、うーんと若かりし頃出会い、いつも記憶のかたわらに、かくれたり、現われたりする存在。その姫君が、待ちに待った私達の初孫が来年生まれますとの知らせと共に、「いのち愛づる姫」として、ガゼン力満々出現しました。

（大阪 主婦 **尾谷富美子** 62歳）

国連の限界／国連の未来■

▼アフリカの不安定な国に、国連は何かせねばと焦るも、すぐには対立が解けぬ。放っておいても平和は来ぬ。植民地解放後の独立で民族内でもめ出す。鉱物資源や宝石を奪い合う形のものまであって、分配の仲裁や立合いを国連はせねば。国連の限界は当然あるが、支え合いをして温和な互恵の気持を共生し、穏便に収めていくのが平和外交の使者である。

（千葉 **佐藤賢司** 71歳）

歴史の共有体としての東アジア■

▼グローバル化の進む中で「民族」を看板にした地域主義が抬頭し、世界の各地で衝突を起している原因がよく解りました。ベトナムに旅行してあらためて中国を軸とした日韓とベトナム・タイの関係に着目しましたが、韓国とベトナムの歴史に中国を「不可避の他者」として歴史の類似性をみましたが韓国に対する日本、ベトナムに対するタイの関係が異なったことの原因も読みとれました。

（兵庫　コンサルタント　**石井治**　73歳）

遺言■

▼弱者の立場、死んだものの立場からみた日本がどう見えるか。明治以降近代化の中で、侵略（アジア近隣諸国）することで、西欧諸国に追いつくこととし、戦争を続けた。いまだにそのことを、反省しない。「戦後レジームからの脱却」を絶叫する首相。もう一度鶴見さんの「殺されたもの」から見るを学ぶべきだ。

（東京　**成瀬功**　66歳）

漢詩逍遥■

▼「一海知義」の名を知ったのは、本書掲載の「戦場のモーツァルト」という新聞紙上の一文です。ですから最近です。でも一度知ってしまえば、それからはつい気になる。つまり、日々の情報吸収作業の中で、無意識に選別作業を行っていて、「山のような砂からほんの数粒の金」といった按配で今も残り続けています。でこれからは、一海さんを踏み台に、陸游、河上肇へと触手を伸ばしていきたいと。あくまでも希望です。（山口　**岩崎保則**　54歳）

鞍馬天狗とは何者か■

▼鞍馬天狗と言えば、嵐寛十郎主演の映画、それと、少年倶楽部で読んだ、正義の覆面剣士位しか頭にありませんでした。敗戦日記は大分読んでいるのですが、著者のは、名著と聞きながら読む機会がありませんでした。この本を読み、戦後同じような方向を目指したように思い、大佛氏の敗戦日記を読もうかと思っている所です。（京都　**白川益雄**　85歳）

※みなさまのご感想・お便りをお待ちしています。お気軽に小社「読者の声」係まで、お送り下さい。掲載の方には粗品を進呈いたします。

書評日誌（九・一〜九・三）

㊫書評　(紹)紹介　(記)関連記事　(TV)紹介、インタビュー

九・一　(書)新KH報「雪」（「わが読書・鈍行の旅」／「政教の狭間に迷い込んだ主人公」）

(紹)聖教新聞「朗読ミュージカル『いのち愛づる姫』」（「Information」）

(紹)Living「朗読ミュージカル『いのち愛づる姫』」（「朗読ミュージカル『いのち愛（め）づる姫』——ものみな一つの細胞から」）

(紹)朝日新聞「〈決定版〉正伝後藤新平」「後藤新平の『仕事』」「セミナー『いま、なぜ後藤新平か』」（「生誕一五〇周年の政治家・後藤新平」／「見直し進む大胆な構想力」）

九・二　(書)日本経済新聞「イスタンブール」（「知的ムスリムの苦渋と喪失感」／佐藤亜紀）

九・四　(記)読売新聞（夕刊）「セミナー『今、なぜ後藤新平か』」（「よみうり抄」）

九・六　(記)毎日新聞「天の魚」（「水俣病患者の世界」「川島宏知さん演じるひとり芝居」／吉永鷹美）

九・七　(紹)毎日新聞（夕刊）「朗読ミュージカル『いのち愛づる姫』」（「科学と古典が融合」一三日の京都公演を前

に」／「山崎陽子さんに聞く」／「私たちの存在 背景に三八億年」／「生命の重み、尊さを」／有本忠浩

㊟書 週刊読書人『水俣』の言説と表象」（「学術思想」／「水俣病はいかに語られ、また語られなかったのか」／『可能性』の実現を『不可能』にした言説空間の力学を析出」／「水俣病言説史から浮かび上がるもの」／福間良明）

九・八 書 読売新聞「河上肇の遺墨」（「五郎ワールド」／「書は人なり」／「饅頭を恋うるせつなさ」／橋本五郎）

九・八〜三〇 書 共同通信社配信「イスタンブール」（湯川豊）

九・九 紹 熊本日日新聞「石牟礼道子全集・不知火」（「映画『殯の森』の安らぎと衝撃」／「言葉控えめな新しい神話」／石牟礼道子）

記 京都新聞「朗読ミュージカル『いのち愛づる姫』」（「深遠な命のつながり訴え」／「朗読ミュージカル、上京で一三日上演」／「東北弁のシダ、京女姿のミドリムシ多様な語り口軽妙」）

紹 読売ウィークリー「父のトランク」（「今週の八冊」）

紹 赤旗「河上肇の遺墨」

書 西日本新聞「清らに生きる」（「読書館」／「命を忘れた『美』はない」／上野朱）

紹 東京・中日新聞「歴史の共有体としての東アジア」（「新刊」）

書 毎日新聞「ニュー・エコノミーの研究」

九・一〇 記 毎日新聞（夕刊）「シンポジウム『今、なぜ後藤新平か』」（「十二日にシンポジウム『今、なぜ後藤新平か』」／「紀伊國屋ホールで」）

九・一一 記 読売新聞「シンポジウム『今、なぜ後藤新平か』」（「後藤新平の魅力語る座談会」／「あす新宿」）

九・一五 紹 読売新聞（夕刊）「朗読ミュージカル『いのち愛づる姫』」（「『生命のいとしさ』描く」）

書 東京新聞（夕刊）「イスタンブール」（「コンパス」／「ヒュズン」）

九・一六 書 赤旗「イスタンブール」（「生国の憂愁と『私』とを語りつくす」／三木朋子）

紹 信濃毎日新聞「後藤新平の『仕事』」・「セミナー『今、なぜ後藤新平か』」（「斜面」）

紹 赤旗「清らに生きる」（「ほんだな」）

紹 毎日新聞「鶴見和子曼荼羅」（「好きなもの」／高野悦子）

九・二三 紹 信濃毎日新聞「歴史の共有体としての東アジア」

書 西日本新聞「草の上の舞踏」（「読書館」／『植民二世』の原罪意識」／姜琪東）

九・二六 書 週刊ポスト「戦後占領期短篇小説コレクション③」（「ポスト・ブック・レビュー」／「敵意におびやかされている切迫した時代感情を読み取る」／池内紀）

書 朝日新聞（夕刊）「帝国以後」（「風雅月記」／「情報にはバイアス」／平川克美）

九・三〇 紹 毎日新聞『水俣』の言説と表象」

紹 東京新聞「ニュー・エコノミーの研究」（「新刊」）

書 北海道新聞「父のトランク」（「新刊」）

九月号 書 現代女性文化研究所ニュース№18「清らに生きる」（「深い思索」／「心の言葉の集大成」）

書 論座「国連の限界／国連の未来」（「Book Review」／「実務踏まえ、国連の政治力学と日本の政策を分析」／功刀達朗）

十二月新刊

＊タイトルは仮題

危険に満ちたその思索の軌跡

別冊『環』⑬

J・デリダ　1930-2004

〈生前最後の講演〉
「赦し、真実、和解
——そのジャンルは何か？」
ジャック・デリダ

〈講演〉「希望のヨーロッパ」
ジャック・デリダ

〈対談〉「言葉から生へ」
ジャック・デリダ＋エレーヌ・シクスー

〈インタビュー〉
「映画『デリダ、異境から』をめぐって」
（監督）サーファ・ファティ
聞き手＝鵜飼哲＋増田一夫

〈寄稿〉アラン・バディウ／エレーヌ・シクスー／ロドルフ・ガシェ／パオラ・マラッティ／ギル・アニジャール／セルジュ・マルジェル／アヴィタル・ロネル／ペギー・カムフ
鵜飼哲／増田一夫／浅利誠／港道隆／守中高明／竹村和子／藤本一勇

「結婚」という謎、家族・市場・国家論の原点

結婚戦略

家族と階級の再生産

ピエール・ブルデュー
丸山茂・小島宏・須田文明訳

村のダンスパーティーで踊る相手がいない、年輩の男たち。独身者数の増大という悲哀に悩む故郷ベアルンでの、結婚市場をめぐる民族誌的農村調査をもって、ブルデュー社会学は真に誕生する。思想家自身の歩みのなかで最も重大な転機を徴づける、一つの知的形成物語《ビルドゥングスロマーン》。

人びとのまなざしの奥にあるもの

魂を撮る（仮）

大石芳野＋鶴見和子

未開のパプア・ニューギニアや戦乱によって破壊されたカンボジア、ベトナムの地を、あるいは水俣病に苦しむ現地の人びとの肉声を取材してきた二人が、女性や子どもたちの瞳の奥底に見出す、絶望を超えるための光とは何か。フォトジャーナリズムの第一人者との、昨年急逝した社会学者最晩年の徹底対話。

写真多数

クローン病を知っていますか？

クローン病

症状・治療・対策

ジョアン・ゴメス
前島真理・前島良雄訳

クローン病を知っていますか？　現在日本でも激増している、腹部の疼痛や下痢、発熱を繰り返す病気です。この大変な病気の危険因子、病気の徴候と症状、症例をまじえて説明します。診断などを分かりやすく、あなたのおなかは大丈夫？

11月の新刊

タイトルは仮題

学芸総合誌・季刊
『環　歴史・環境・文明』㉛　07・秋号 ＊
〈特集・われわれの小田実〉
菊大判　四〇八頁　三三六〇円

評伝 **高野長英** 1804-50 ＊
鶴見俊輔
四六上製　四二四頁　三四六五円　口絵4頁

〈戦後占領期短篇小説コレクション〉（全7巻）
7 **一九五二年** ＊［第6回配本］完結
［解説］高村薫　［解題］紅野謙介
四六変上製　三〇四頁　二六二五円

近刊

クローン病とともに ＊
J・ゴメス／前島真理・前島良雄訳

魂を撮る ＊
大石芳野＋鶴見和子

別冊『環』⑬
ジャック・デリダ 1930-2004 ＊

結婚戦略　家族と階級の再生産 ＊
ピエール・ブルデュー
須田文明・丸山茂・小島宏訳

内発的発展論と東北学
赤坂憲雄＋鶴見和子

好評既刊書

バブル崩壊後の美術市場
瀬木慎一

運命じゃない
車椅子とシーティングで変わる障害児のからだ
山崎泰広

歌集 **山姥**　鶴見和子 ＊
［編・解説］佐佐木幸綱　［序］鶴見俊輔
菊上製　三二〇頁　四八三〇円
〈豪華愛蔵特装版〉三百部限定　口絵・写真八頁　九二四〇円

実践理性　行動の理論について ＊
P・ブルデュー
加藤晴久・石井洋二郎・三浦信孝・安田尚訳
四六上製　三二〇頁　三三六〇円

明治国家をつくる ＊
地方経営と首都計画
御厨貴
［解説］牧原出　［解説対談］藤森照信・御厨貴
A5上製　六九六頁　九九七五円

蘆花の妻、愛子 ＊
阿修羅のごとき夫（つま）なれど
本田節子
四六上製　三八四頁（口絵二頁）　二九四〇円

〈戦後占領期短篇小説コレクション〉（全7巻）
6 **一九五一年**　［第5回配本］＊
［解説］井口時男　［解題］紅野謙介
四六変上製　三二〇頁　二六二五円

〈石牟礼道子全集　不知火〉13（全17巻・別巻一）
春の城 ほか　［第12回配本］＊
［解説］河瀬直美
［月報］桜井国俊・家中茂・伊藤洋典・豊田伸治
A5上製布クロス装貼函入　七八四頁　八九二五円

マルクスの亡霊たち
負債状況＝国家、喪の作業、新しいインターナショナル
J・デリダ／増田一夫訳・解説
四六上製　四四〇頁　五〇四〇円

〈ブローデル歴史集成〉III（全3巻）完結
日常の歴史
F・ブローデル／浜名優美監訳
A5上製　七八四頁　九九七五円

プラスチック・ワード
歴史を喪失したことばの蔓延
U・ペルクゼン／糟谷啓介訳
四六上製　二四〇頁　二九四〇円

媒介する性　ひらかれた世界にむけて
河野信子
四六上製　二八〇頁　二九四〇円

〈戦後占領期短篇小説コレクション〉（全7巻）
1 **一九四五－四六年**　［第4回配本］
［解説］小沢信男　［解題］紅野謙介
四六変上製　三二〇頁　二六二五円

＊の商品は今号に紹介記事を掲載しております。併せてご覧戴ければ幸いです。

書店様へ

▼11／3（土）毎日出版文化賞が発表され、後藤新平生誕一五〇周年記念『**〈決定版〉正伝 後藤新平**』（全8分冊・別巻一）が、企画賞を受賞！　受賞オビ、パンフレット、POP、パネルなどご用意しております。大きな店頭展開は勿論、この機に再度図書館、研究室などへの外商活動もぜひお願いいたします。何なりと各担当者までご相談下さい。
▼九月の刊行直後より全国各店から何度も補充をいただいておりますJ・デリダ『**マルクスの亡霊たち**』（2刷）。漸くの11／4（日）の『朝日』で更に動き加速。引き続きの大きなご展開お願いします。POP、パネルなどもあります。
▼11／4（日）NHK-BS週刊ブックレビューで昨年のノーベル文学賞受賞作家O・パムクの『**父のトランク**』（2刷）が紹介され、話題騒然。全国各地よりのお問い合せのお電話が未だ鳴り止みません。大好評で忽ち重版となった最新刊『**イスタンブール**』（2刷）は勿論、『**わたしの名は紅**』（13刷）、『**雪**』（8刷）と共に大きくご展開下さい。

（営業部）

毎日出版文化賞受賞

第61回毎日出版文化賞〈企画部門〉に『〈決定版〉正伝　後藤新平』（全8分冊・別巻一）が選ばれました！

■波瀾万丈のその生涯を、厖大な一次資料を駆使して描き切った評伝の金字塔。■旧版を再現した復刻ではなく、完全に新規に活字を組み直し、新漢字・現代仮名遣いに改め、資料には釈文を付して現代の読者にも読みやすくした決定版。

〈決定版〉正伝　**後藤新平**（全8分冊・別巻一）

全8分冊・別巻一セット　計五二〇八〇円

出版随想

▼中間決算が出た。といってもわが社ではなく大手銀行六グループのことだ。「大手六行最終益半減」「企業向け融資伸びず」（『毎日』11・7）と見出しにある。対前年同期は一兆七三五二億円の利益が、今期は九〇〇〇億円強にとどまるようだ。その理由の一つとして、アメリカの低所得者向け高金利住宅ローン（サブプライムローン）関連の投資損失の拡大とある。又他に、「新たな柱として期待していた」（傍点筆者）消費者金融事業の悪化とある。

▼この大銀行の中間決算の数字を一消費者、生活者としてどう見、考えるかだ。この数字が多いか少ないかはまず措くとして、十数年前にといっても、われわれにはつい先日のように映るが、九〇年代初頭に生じたバブル破産の反省が何もないように思う。七〇年代の低成長以降、金融が主導となる経済成長の下、実体なき空洞の数字が積み上げられていったことをこの国の政治経済を支配している人々は忘れてしまったようだ。まさに懲りない面々だ。あの九〇年代、大銀行は国民やメディアから散々叩かれ、これからは真面目に出直すかと思いきや、政府の手厚い庇護の下、瀕死の状態であったあの怪物が又息を吹き返したかのようだ。その間、われわれ生活者はソッポを向かれ、水面下で着々と吸収・合併等々を繰り返し、何が何やらわからない名に変わり、消費者を煙に巻いていった。政府・日銀はずうっとゼロ金利政策を続け、国民の預金利息も限りなくゼロに近い状態であった。それが、この現在の結果だ。この間銀行は、われわれ生活者に企業としてどういう社会的責任・使命を果たしてきたのか。

▼もうこれ以上、この銀行や国の施策について語ることはやめよう。本当に馬鹿らしくなる。しかし、これは、国や銀行を動かしている者だけに責を求めることではない。今やひとりひとりの国民の〝自治的自覚〟が求められているのだと、いいたい。国民が国や銀行を作り育てるのであって、決してその逆ではない。この国民の一人一人が〝自治的自覚〟に目覚めることこそが、現在の日本社会で一番必要なことではあるまいか。（亮）